Gemüse

Das Grüner-Daumen-Konzept

BRUNHILDE
BROSS-BURKHARDT

blv

Was Sie in diesem Buch finden

1 × 1 des Gemüsegärtnerns
Gemüse-Basics

Schon ein paar Quadratmeter Garten reichen aus, um das ganze Jahr über frischen Salat, knackige Bohnen und Erbsen oder aromatische Tomaten ernten zu können. Noch mehr lässt sich herausholen, wenn Sie ein Frühbeet oder ein Kleingewächshaus besitzen.

Gemüse direkt säen

_ *Reihenabstände ausmessen*

_ *Reihen mit Pflanzschnur markieren*

_ *Saatreihen mit dem Rechenrücken ziehen*

_ *Saatgut in der Saatrille festdrücken und mit feiner Erde bedecken*

Wurzelgemüse wie Gelbe Rüben, Rettiche und Rote Bete wird immer direkt in Reihen auf Beete gesät; zu dicht stehende Pflänzchen werden nach dem Auflaufen herausgezupft (vereinzelt oder ausgedünnt nennt der Gärtner das). Direkt auf Beete gesät werden auch Spinat, Feldsalat und Schnittsalate, Buschbohnen und Erbsen. Beim Säen aus der Hand oder der Samentüte braucht man Fingerspitzengefühl, damit nicht zu viel und nicht zu wenig Samenkörner in die Saatrille fallen.

Gemüse pflanzen

_ *gepflanzt werden vorkultivierte oder beim Gärtner gekaufte Jungpflanzen*

_ *Setzlinge fest andrücken und angießen*

_ *Salat nicht tiefer einpflanzen als im Topf*

_ *Kohlgemüse tiefer einpflanzen*

_ *Tomaten erst ab Mitte Mai auspflanzen*

Wer schon früh im Jahr Kopfsalat oder Kohlrabi ernten möchte, muss die Gemüse zunächst drinnen aussäen und kultivieren und pflanzt erst die kräftigen Jungpflanzen ins Freie. Wärmebedürftige Fruchtgemüse wie Tomaten, Paprika und Auberginen muss man ebenfalls vorziehen und Mitte/Ende Mai auspflanzen. Bei Gemüse, von dem man nur wenige Pflanzen braucht, wie Brokkoli oder Blumenkohl, kauft man besser gleich Jungpflanzen direkt beim Gärtner.

Planung & Anlage eines Gemüsegartens

Gemüse braucht Sonne. An schattigen Plätzen wächst Kopfsalat flatterig, Tomaten setzen kaum Früchte an und schmecken fad. Wer also eigenen Salat, Erbsen und Tomaten anbauen möchte, sollte den Garten ums Gemüse herum planen.

Legen Sie die Beete an einer sonnigen Stelle an, die nicht von Bäumen und Sträuchern beschattet wird. Am günstigsten ist es, wenn die Gemüsereihen in Nord-Süd-Richtung verlaufen.

Gemüse lässt sich am besten auf ebenem oder allenfalls leicht geneigtem Gelände anbauen. Ein ebenes Beet ist deshalb optimal, weil man sich sicher bewegen kann und weil das Regenwasser gut im Boden versickert. In Hanglagen ist es empfehlenswert, den Gemüsegarten zu terrassieren. Auf flach geneigtem Gelände genügen Holzeinfassungen oder Steinreihen zum Abstützen, auf steilen Hanggrundstücken ist das Terrassieren mittels Stützmauern nötig.

Am besten ist es, Gemüse und Kräuter auf flachen, rechteckigen Beeten anzubauen. Die Beete sollten etwa 1,2 m breit sein, aus dem einfachen Grund, dass man so das Beet vom Rand aus mit der Hacke bearbeiten kann, ohne die Erde betreten zu müssen. Die Beetlänge ist variabel; sie richtet sich nach der Größe des Gartens und natürlich danach, wie viel Gemüse angebaut werden soll. Die handelsüblichen Folien, Vliese und Insektenschutznetze zur Ernteverfrühung und zum vorbeugenden Pflanzenschutz sind auf rechteckige Beete ausgelegt.

In kühlen Klimaregionen ist ein Gewächs- oder Folienhaus sinnvoll, damit die Kultur von wärmebedürftigem Gemüse möglich wird. In warmen Regionen lässt sich im Gewächshaus die Kulturdauer bzw. die Ernteperiode der Gemüse um Wochen oder sogar Monate verlängern.

1. Gemüsebeete am sonnigsten Platz auf möglichst ebener Fläche anlegen.
2. Windgeschützter Platz für Tomaten, Paprika, Bohnen.
3. Genügend Abstand (etwa 50 cm) zwischen Gemüsereihen einplanen.
4. Im Frühjahr und Spätherbst mit Vlies oder Folie vor Kälte schützen.

Lernen Sie Ihren Boden kennen!

Der Boden sollte im Idealfall von krümeliger Struktur, also locker und gut zu bearbeiten sein und weder zu viel noch zu wenig Nährstoffe enthalten.

Nährstoffversorgung Meist sind Gartenböden sehr gut mit Nährstoffen versorgt, oft sogar überversorgt. Kräftig wachsende Pflanzen sind ein Zeichen für eine gute Nährstoff- und Humusversorgung; mickrige Pflanzen mit hellem Blattwerk eins für Nährstoffmangel, vor allem Stickstoffmangel. Wenn man einen Garten neu angelegt hat oder ein Gartengrundstück übernimmt, ist es sinnvoll, eine Bodenanalyse zu machen. Testsets dafür gibt es im Handel zu kaufen.

Sauer oder alkalisch? Idealerweise liegt der pH-Wert des Bodens in einem neutralen Bereich um 7 (auf einer Skala von 1 bis 14). Den pH-Wert bestimmt man mit Testsets aus dem Gartencenter.

Böden verbessern Bis zu einem gewissen Grad kann man schlechte Böden verbessern. Bei sandigen Böden, die schnell austrocknen und wenig Nährstoffe enthalten, muss der Humusgehalt erhöht werden. Das gelingt durch Kompostgaben sowie durch Gründüngung und Mulchen. Mit Humus werden schwere, lehmige Böden verbessert. Er wirkt wie ein Schwamm, speichert Wasser und Nährstoffe und gibt sie langsam (an den Boden und damit an die Pflanzen) wieder ab. Sehr schwere lehmige oder tonige Böden lassen sich auch mit Sand verbessern.

1. Alte Gartenböden sind meist gut zu bearbeiten und gut mit Nährstoffen versorgt.
2. In neu angelegten Gärten als Erstes die Bodenstruktur verbessern.
3. Eine Bodenanalyse gibt Aufschluss darüber, was fehlt.
4. Humusgehalt des Bodens durch Kompostgaben, Mulchen und Gründüngung erhöhen.

Der Boden ist die Grundlage

Der ideale Boden zum Gemüseanbau Der Gartenboden sollte humus- und nährstoffreich und gut zu bearbeiten sein. Dann wachsen und gedeihen die Gemüsepflanzen optimal. Ist der das noch nicht, kein Problem: Die folgenden Maßnahmen helfen:

Hacken Durch Hacken kommt Luft in den Boden. Hacken ist besonders wichtig nach Regen, wenn der Boden oberflächlich verkrustet ist.

Mulchen Mulchen heißt den Boden bedecken. Zum Mulchen eignen sich Ernteabfälle, grob zerkleinerte Brennnesseln und Gründüngungspflanzen. Die Mulchdecke schützt den Boden vor Verschlämmen und ermöglicht, dass Regenwasser einsickern kann. Gleichzeitig verhindert sie, dass Wasser zu schnell verdunstet. Unter dicken Mulchschichten halten sich Nacktschnecken auf. Deshalb bei Schneckengefahr dünn mulchen.

Wässern Beachten Sie Folgendes beim Gießen:
1. Alle zwei bis drei Tage durchdringend gießen (etwa eine Gießkanne pro Quadratmeter).
2. Nie in der Mittagshitze gießen, sondern morgens, bei großer Hitze auch abends, möglichst so, dass die Pflanzen zur Nacht wieder trocknen.
3. Möglichst nicht über die Pflanzen gießen, sondern direkt in den Wurzelbereich.

Gründüngung Gründüngungssaaten wie Gelbsenf, Lupinen oder Büschelschön *(Phacelia)* sind wichtig für eine gute Bodenpflege. Unter der grünen Decke hält sich die Feuchtigkeit im Boden. Außerdem bringt sie organische Substanz in den Boden, aus der die Bodenlebewesen nach und nach Humus aufbauen. Gründüngungspflanzen schließen mit ihrem Wurzelwerk den Boden auf. Lupinen und Wicken düngen den Boden sogar: Sie reichern mithilfe der Knöllchenbakterien Stickstoff aus der Luft im Boden an.

5 Fakten zur Pflege

1. Hacken des Bodens hilft Wasser sparen.
2. Eine Mulchschicht schützt den Boden vor Austrocknung.
3. Mulchen ist wichtig zwischen Gemüsereihen, um Tomaten und Kohlgemüse.
4. Alle paar Tage durchdringend zu gießen ist besser als oberflächliches Wässern.
5. Gründüngungspflanzen schließen den Boden auf und sind Futter für Bodenlebewesen wie den Regenwurm.

Die wichtigsten Dünger für Garten und Pflanzgefäße

Pflanzen brauchen zum Wachsen ausreichend Nährstoffe.

Kompost Der wichtigste Dünger im Privatgarten ist Kompost aus pflanzlichem Material. Er enthält eine relativ ausgewogene Mischung von Nährstoffen. Je nach Reifegrad wird Kompost unterschiedlich eingesetzt. Angerotteter oder halb verrotteter Kompost eignet sich gut zum Mulchen, zum Beispiel bei Tomaten oder Kartoffeln. Man gibt im Gemüsegarten pro Quadratmeter und Jahr etwa einen Eimer voll reifen Kompost (ca. 10 kg) und arbeitet den Kompost mit der Hacke oberflächlich ein.

Organische Dünger zum Streuen sind ideal, wenn man keinen Kompost hat. Der Handel bietet speziell zusammengesetzte Dünger für Tomaten und andere Fruchtgemüse an.

Mineralische Dünger mit leicht löslichen Nährstoffen vorsichtig handhaben und genau dosieren. Im Handel gibt es organisch-mineralische Mischdünger, speziell für Kartoffeln oder Kohlgemüse.

Flüssigdünger wirken rasch. Ideal für Gemüse in Töpfen und Kübeln, um nach Kältephasen einen Wachstumsschub zu geben oder wenn sich Blätter wegen Nährstoffmangels aufhellen.

Langzeitdünger ist sinnvoll bei Kulturen in Pflanzgefäßen. Die Dünge-Kügelchen geben Nährstoffe allmählich in die Bodenlösung ab.

Wissenswertes über Kompost Der Kompostplatz sollte gut zugänglich in der Nähe des Gemüsegartens liegen. Achten Sie darauf, dass der Kompostbehälter aus Holz oder Kunststoff leicht beschattet liegt, dann trocknet der Inhalt bei starker Sonneneinstrahlung nicht so schnell aus und die Verrottung läuft besser. Sehr praktisch sind Kompostlegen aus Kunststoff, deren Seitenteile einfach ineinandergesteckt werden und so leicht zusammenzusetzen und wieder auseinanderzunehmen sind.

Füllen Sie den Kompostbehälter mit Ernteresten, Staudenstängeln, abgeschnittenen Blütenständen usw. Wichtig ist, alles Material vor dem Einfüllen zu zerkleinern, entweder mit der Gartenschere oder einem Häcksler, und gut zu mischen. Rasenschnitt, der oft in großer Menge anfällt, sollte immer mit gröberem Material vermischt werden, sonst fault der Kompost und stinkt. In kleineren Gärten wird man es nicht schaffen, den Behälter auf einmal zu füllen, auch wenn das wünschenswert wäre. Dann legt man das frisch Gehäckselte oder Zerkleinerte im Behälter obenauf und vermischt es mithilfe der Grabegabel ein wenig mit der darunterliegenden Schicht, in der sich oft schon rote Kompostwürmer kringeln.

Der Kompost soll sich gut erhitzen, optimal auf 55 bis 60 °C. Das gelingt, wenn das eingefüllte Material feucht ist, nicht zu nass und nicht zu trocken. Bei Trockenheit muss man den Kompost ggf. befeuchten; bei Dauerregen abdecken. Beim richtigen Maß an Feuchtigkeit erhitzt sich das Kompostinnere etwa einen Tag nach dem Aufsetzen kurzzeitig auf etwa 60 °C. Schon nach wenigen Tagen sackt die Temperatur stark ab. Im Zuge des Zersetzens »setzt« sich der Kompost. Von einem Berg organischen Materials bleibt dann nur ein kleines Häufchen dunkler, angenehm erdig riechender Komposterde übrig – ein hervorragender Dünger für alle Kulturen.

1. Kompostiert werden Ernteabfälle, kleine Mengen Rasenschnitt, Staudenschnitt, Reste vom Gemüseputzen, Kaffeesatz, Teebeutel, Eierschalen und andere organische Abfälle.

2. Das Material zerkleinern, gut mischen und feucht halten.

3. Kompost nach einem halben bis drei viertel Jahr als Dünger ausbringen.

Gemüse in Töpfen und Kisten

1. Tontöpfe & Kunststofftöpfe

_ *formschön, gut verrückbar*

_ *guter Wasserabzug*

_ *Modelle mit eingebautem Wasserspeicher*

Gemüse in Töpfen hat den Vorteil, dass es nach Bedarf an den besten Platz gerückt werden kann: an die Sonne oder an vor Wind und Regen geschützte Plätze. Die Fruchtgemüse Tomate, Paprika, Peperoni und Aubergine eignen sich besonders gut für die Topfkultur, ebenso niedrige oder kompakt wachsende Sorten anderer Gemüsearten.

2. Kisten & Pflanzsäcke

_ *ermöglichen Anbau auf Pflaster und Beton*

_ *viel Wurzelraum, auch für große Pflanzen*

_ *großer Wasser- und Nährstoffspeicher*

Zum Füllen der voluminösen Behälter braucht man viel Erde bzw. Pflanzsubstrat aus dem Handel. Das Füllmaterial kann aus Gartenerde, Kompost, etwas Sand und gekaufter Blumenerde zusammengemischt sein. Wichtig ist, dass immer ein Wasser speichernder und auflockernder Bestandteil wie Torf oder Rindenhumus enthalten ist. In reiner Gartenerde oder in purem Kompost wachsen Pflanzen nicht richtig und sterben womöglich ab. Bei Starkzehrern wie Tomaten mischt man schon beim Pflanzen ein paar Löffel Hornmehl oder Hornspäne oder Langzeitdünger ins Substrat. Beim Anbau in Containern ebenfalls für Wasserabzug sorgen.

3. Hochbeete & Pflanztürme

_ *praktisch, rückenschonend*

_ *teuer und aufwendig zu bauen*

_ *Pflanztürme für Kartoffelanbau*

Hochbeete kann man selbst bauen oder neuerdings auch fertige Modelle aus Holz oder Kunststoff kaufen, sogar mit Frühbeetaufsatz. Gemüse in Pflanzgefäßen braucht viel Wasser. Im Sommer kann es nötig sein, zwei- oder dreimal am Tag zu gießen. Dazu nimmt man abgestandenes Wasser aus Schöpfbecken. Mit Wasser gefüllte Gießkannen sollten nicht in praller Sonne stehen; das Gießwasser würde sich zu stark erhitzen und zarte Pflanzenwurzeln verbrennen.

5 Tipps zur Pflege

1. Helle Gefäße absorbieren weniger Sonnenwärme.
2. Überschüssiges Gieß- oder Regenwasser muss durch Abzugslöcher im Topfboden ablaufen können.
3. Speziell gemischtes, Wasser speicherndes Substrat einfüllen – keine reine Gartenerde und auch keinen reinen Kompost.
4. Nährstoffe in Form von Langzeitdünger oder regelmäßigen Flüssigdüngergaben zuführen.
5. Topfoberfläche abdecken (mulchen), sodass das Wasser nicht so schnell verdunsten.

Vielfältig & voller Aroma
Tomaten

Kaum ein anderes Gemüse lässt sich in der Küche roh oder erhitzt so vielseitig zubereiten wie die Tomate. In Scheiben geschnitten auf Brot, gewürfelt oder in Schnitzen im Salat, als Belag für Pizza, als Bestandteil von Gemüsegerichten oder Aufläufen, als Saft, als Ketchup, ja sogar als süße Marmelade … Oder einfach als süß-säuerlicher Leckerbissen in den Mund geschoben.

Tomatenfans haben die Wahl zwischen Hunderten, ja Tausenden Sorten in vielen Wuchsformen, Fruchtgrößen und -farben und unterschiedlichsten Geschmacksnuancen. Wer besondere Sorten haben will, kommt nicht umhin, diese selbst auszusäen.

aromatisch saftig & süß

1. Runde Stabtomaten

_ *rote oder gelbe saftige Früchte*

_ *für Salate, Suppen und Saucen*

_ *an Stäben in die Höhe leiten und entgeizen*

Im Inneren sind die Früchte meist in drei bis fünf Kammern aufgeteilt. Viele Sorten sind relativ widerstandsfähig gegen Krankheiten. Empfehlenswert: 'Harzfeuer' F_1 – kleine Früchte; 'Reginella' F_1 – sehr aromatisch, kleine Früchte; 'Tomosa' F_1 – sehr widerstandsfähig; 'Vanessa' F_1 – gute Lagerfähigkeit; 'Vitella' F_1 – widerstandsfähig Kraut- und Braunfäule.

2. Alte Sorten & Raritäten

_ *Geschmack zitronig-säuerlich bis honigsüß*

_ *brauchen viel Platz im Garten*

_ *Früchte schnell verbrauchen*

Diese Sorten fallen äußerlich durch besondere Färbungen auf und haben ein feines Aroma. Die Samen dieser Sorten fallen echt aus. Wohlschmeckend: 'Braunrote Russische' – sehr süß, schnittfest; 'Goldene Königin' – gelbe Fruchtfarbe, etwas mehlige Konsistenz; 'Grünes Zebra' – interessante gelb-orange-grüne Flammung, süß-säuerlich, weiche Haut.

3. Cocktail- & Obsttomaten

_ *aromatische, süße Früchte*

_ *ideal für Töpfe, Freiland & Gewächshaus*

_ *ein- oder zweitriebig an Stäben ziehen*

Die Früchte bilden sich früher als bei Stabtomaten, und die Ernte ist bis in den Herbst möglich. Die besten: 'Bonbonera' F_1 – dunkelbraunrot; 'Picolino' F_1 – lange, stabile Triebe, lange Traube, platzfest, schnittfest, lange lagerfähig; 'Orangino' F_1 – orange, hoher Ertrag; 'Schwarze Pflaume' – pflaumenförmig, bräunlich rot mit olivfarbenem Kragen, platzfest, schnittfest.

4. Roma- oder Eiertomaten

_ *festes Fruchtfleisch*

_ *gut zum Konservieren*

_ *spät reifend, Ernte bis zum Frosteintritt*

Form länglich-oval, Frucht mit wenig Saft und wenigen Kernen. Baumtomaten, wie 'De Berao', werden bis 3 m hoch. Sie reifen spät, tragen aber bis zum Frost Früchte und einen hohen Ertrag. Sie können auch mehrtriebig als Spalier an Fassaden gezogen werden. Weitere Sorten: 'Roma', niedriger Wuchs und längliche Früchten mit Spitze; 'San Marzano', länglich und festfleischig.

5. Kirsch- (Cherry)- & Datteltomaten

_ *zuckersüßes Naschobst*

_ *ideal für Kultur in Töpfen und Kästen*

_ *ein- oder zweitriebig an Stäben leiten*

Die Auswahl an Sorten mit runden, birnen-, erdbeer- oder dattelförmigen Früchten in Rot, Gelb und Orange ist riesig. Toll sind: 'Dasher' F_1 – pflaumenförmig; 'Gardenberry' F_1 – sehr früh, erdbeerförmig; 'Birnenförmige' – rot oder gelb; 'Nugget' F_1 – goldgelbe Datteltomate; 'Philovita' F_1– lange Trauben, sehr widerstandsfähig gegen die Kraut- und Braunfäule

6. Johannisbeer- & Wildtomaten

_ *Minifrüchte zum Naschen und Dekorieren*

_ *muss nicht entgeizt werden*

_ *widerstandsfähig gegen die Krautfäule*

Die johannisbeer- bis kirschgroßen Früchtchen der Wildtomaten begeistern Tomatenfans. In den Wildarten, die ursprünglich aus Ecuador und Peru oder von den Galapagos-Inseln stammen, zeigt sich die Formen- und Farbenvielfalt, die in Tomaten steckt, mit rundlichen und birnenförmigen, teils behaarten Früchten im Farbspektrum von Weiß, Cremefarben, Hellgelb, Goldgelb, Orange, Rot, Lila, Grün bis fast Schwarz. Ausprobieren: 'Golden Currant'; 'Red Currant'; 'Rote Murmel'; Peruanische Wildtomate, lila-grüne Früchtchen.

klein, aber oho!

7. Busch-& Container-Tomaten

_ *aromatisch, sehr früh reifend*

_ *ideal zum Pflanzen in Töpfen und Ampeln*

_ *brauchen nicht entgeizt zu werden*

Buschtomaten eignen sich hervorragend für Töpfe und Container, weil sie nicht so hoch wachsen (bis etwa 1 m) und nicht entgeizt werden müssen. Sie brauchen also keine langen (Spiral)-Stäbe; ein paar kurze Stäbe reichen zum Stützen aus. Die Triebe können auch über den Topfrand hängen. Die kirsch- bis cocktailtomatengroßen Früchte sind je nach Sorte unterschiedlich geformt und gefärbt. Diese Sorten gehen immer: 'Bitonto' F_1 – kirschgroße Früchte; 'Pepolino' F_1 – rote, dattelförmige Früchte, ca. 80–100 cm hoch; 'Perfectpeel' F_1 – enthält kaum Saft, gut für Soßen und Suppen. 'Scarpariello' F_1 – rote, dattelförmige Früchte, buschig wachsend, bis etwa 1 m hoch.

8. Balkontomaten

_ *erstaunlich hoher Ertrag*

_ *brauchen nicht entgeizt zu werden*

_ *für Balkonkästen und Ampeln*

Diese Tomaten werden nicht größer als normale Balkonblumen. Sie wachsen gedrungen buschig aufrecht oder überhängend; die Triebe bleiben niedrig (je nach Sorte 30 bis 60 cm hoch) und schließen mit einem Blütenstand ab. Darin unterscheiden sie sich von den üblichen Tomaten, die immer weiter in die Höhe wachsen und deshalb lange Stäbe als Stütze brauchen. Empfehlenswert sind: 'Balkonstar'; 'Lizzano' F_1 – widerstandsfähig gegen Kraut- und Braunfäule; 'Tumbling Tom Red' und 'Tumbling Tom Yellow' mit flachbuschigem, überhängendem Wuchs, mirabellengroße Früchte.

9. **Fleischtomaten**

_ *meist trockenes, festes Fruchtfleisch*
_ *ideal zum Füllen und Grillen, für Salate*
_ *Anbau in warmer, geschützter Gartenlage*
_ *Früchte reifen im Haus nach*

Fleischtomaten werden ebenfalls an Stäben gezogen, also in die Höhe geleitet. Ihre Früchte sind jedoch größer als die der runden Stabtomaten. Im Inneren sind sie stärker »gekammert« als normalgroße Tomaten, bei sehr großfrüchtigen Sorten finden sich bis zu zehn Kammern. Fleischtomaten können rund und glatt sein oder mehr oder weniger stark gerippt. Empfehlenswerte Sorten sind: 'Corazon' F1 – gerippte Früchte vom Ochsenherz-Typ; 'Fantasio' F1 – leicht abgeflacht, hohe Widerstandsfähigkeit gegen Kraut- und Braunfäule; 'Maestria' F1 – widerstandsfähig gegen Kraut- und Braunfäule; 'Marmande' – aromatische französische Sorte; 'Noire de Crime'e' – schwarzrot, honigsüßer Geschmack; 'Ochsenherz' – große herzförmige, gerippte Früchte.

10. **Großfrüchtige Raritäten**

_ *interessante Fruchtformen und Farben*
_ *eher trockenes, festes Fruchtfleisch*
_ *ideale »Show-Tomaten«*

Bei den Fleischtomaten gibt es nicht nur runde, sondern auch stark gerippte, paprika- oder birnenförmige Sorten – solch interessante Früchte, dass man es kaum übers Herz bringt, sie auch aufzuessen! In dieser Gruppe finden sich die eigentlichen Stars auf der imaginären Tomatenbühne. Empfehlenswert: Die 'Andenhorn'-Tomate, die einer Paprikafrucht täuschend ähnlich sieht, oder die kiloschwere 'Ananastomate', in Gelb-Orange mit rötlicher Flammung. Von dieser

Sorte reicht eine Frucht als Salatmahlzeit für eine ganze Familie! Und die 'Birnenförmige Sibirische' mit fein-aromatischem Fruchtfleisch ist als Brotbelag eine Delikatesse.

Schon gewusst?

Wer Tomaten selbst anbaut, sollte darauf achten, ob das Saatgut samenecht ist oder ob es sich um eine Hybride handelt. Samenechte Sorten kann man selbst vermehren, Hybriden nicht. Die Hybrid-Züchtung ist eine schon lange praktizierte Züchtungsmethode, mit dem Ziel, für den professionellen Anbau besonders ertragreiche, gleichmäßig wachsende und gegen Krankheiten und Schädlinge widerstandsfähige Sorten auf den Markt zu bringen.

1. Sorten entsprechend dem Pflanzort für Freiland, Gewächshaus, Kultur in Töpfen oder Kästen bzw. Ampeln auswählen.

2. Bei Anbau in kühler Lage früh reifende Sorten wählen.

3. Bei Freilandanbau Sorten mit hoher Widerstandsfähigkeit gegen Kraut- und Braunfäule auswählen.

4. Für Saatgutgewinnung nur samenechte Sorten auswählen.

Von der Pike auf

1. *Entweder im März selbst säen und drinnen bis zum Auspflanzen weiterkultivieren, oder*

2. *im Mai Tomatenjungpflanzen kaufen und gleich auspflanzen.*

Aussaat Der optimale Aussaatzeit ist ab Ende Februar bis ca. 20. März. Ein oder mehrere Samenkörner in mit spezieller Aussaaterde gefüllte Töpfchen säen, bei Zimmertemperatur keimen die Pflanzen schnell. Sobald an den Keimlingen die ersten richtigen Laubblätter zu sehen sind, ist Zeit zum Pikieren. Jetzt brauchen die Jungpflänzchen viel Licht. Nicht über der Heizung aufstellen, sondern kühler, bei 16 bis 18 °C. Größere Jungpflanzen mit Flüssigdünger versorgen. Ziel ist, dass bis zum Auspflanzen kompakte, gedrungene Pflanzen heranwachsen, die schon Blüten tragen.

Auspflanzen Tomaten sind kälteempfindlich, also erst ab Mitte Mai ins Freie pflanzen. Bei Kultur in Töpfen oder im Gewächshaus kann man es früher wagen. Fürs Auspflanzen ins Freie einen warmen, windstillen Tag wählen, an dem der Himmel bedeckt ist. Das Pflanzloch in der Gartenerde mindestens eine Spatenlänge tief ausgraben. Je tiefer, desto besser, sodass die Pflanzen tief in die Erde versenkt werden können. Das ist besonders wichtig bei lang aufgeschossenen Pflanzen. Den Wurzelballen gut andrücken und das Pflanzloch mit lockerer Gartenerde, vermischt mit etwas Kompost, auffüllen. Die Setzlinge gleich in den Wurzelbereich hinein angießen. Gleichzeitig mit dem Pflanzen setzt man den etwa 1,5 m langen Stab oder Spiralstab, um daran die Tomaten anzubinden oder in die Höhe zu leiten.

Tomaten ziehen & pflegen

Im Garten werden Tomaten normalerweise an Stäben oder Schnüren in die Höhe geleitet. In der Regel belässt man der Pflanze nur einen Trieb. Bei wüchsigen Sorten auch zwei. Dazu bricht man alle Seitentriebe mit den Fingern aus. Man sagt dazu »ausgeizen«.

Ziel ist, dass Licht und Luft in die Pflanzen gelangt und die Früchte so gut und gesund ausreifen können. Niedrige Buschtomaten und Balkontomaten muss man nicht ausgeizen. Damit sich die Pflanzen gut entwickeln können und hohen Ertrag bringen, sollten sie viel Platz um sich haben, deshalb in weitem Abstand von ca. 80 cm in der Reihe pflanzen. Tomaten wurzeln tief, sie sind Nährstoffräuber, die organischen Dünger wie Kompost sehr gut verwerten. Und ihnen tut das Mulchen mit Blättern, Rasenschnitt und anderem organischen Material gut, weil darunter der Boden gleichmäßig feucht bleibt. Das weite Pflanzen ist auch deshalb wichtig, weil dann der Wind besser durch die Bestände streichen kann und die Blätter nach Regen oder Tau schnell wieder abtrocknen. Auf diese Weise bleiben die Pflanzen vor der gefürchteten Kraut- und Braunfäule geschützt. Schutz vor dieser Krankheit bringt auch ein offenes Tomatenhaus oder Kleingewächshaus, Pflanzen, die an der Hauswand oder unter einem Dachvorsprung stehen, sind ebenfalls geschützt. Alle Tomaten wachsen auch in großen Töpfen oder Kübeln. Am ehesten eignen sich dafür Cocktail- und Cherrytomaten. Man kann sie jedoch nicht einfach so wachsen lassen, sondern muss sie an Stäben oder Stöcken anbinden oder an Schnüren in die Höhe leiten. Leichter gesagt, als getan: Stäbe und Stöcke kann man in den Töpfen nicht wie im Freiland einrammen. Die Pflanzen haben so keinen stabilen Halt; bei starken Winden werden sie samt den Stöcken windschief oder knicken um. Eine Fixierung der Stäbe, z.B. an einem Zaun, ist empfehlenswert.

1. Pflanzen an einen sonnigen, vor Wind und Regen geschützten Platz geben.
2. Pflanzen ein- oder zweitriebig in die Höhe leiten.
3. Regelmäßig Achseltriebe ausbrechen.
4. Bei Anbau im Gewächshaus für guten Luftdurchzug sorgen oder Pflanzen rütteln, um Befruchtung zu ermöglichen.

So fühlen sich Tomaten wohl

Gießen Tomatenpflanzen brauchen viel Wasser, überstehen aber Trockenphasen trotzdem relativ gut. In kleinen Beständen nimmt man zum Gießen die Gießkanne und schöpft damit angewärmtes Wasser aus der Tonne. Profis nutzen automatische Bewässerungsanlagen mit Tropfschläuchen oder Tropfern und Tensiometern, die die Tomatenpflanzen nach Bedarf mit Wasser versorgen. Tomaten sollten nie über die Blätter gegossen werden.

Düngen Tomaten brauchen viel Dünger, im Hausgarten ist Kompost die wichtigste Nährstoff- und Humusquelle. Organische oder mineralische Handelsdünger oder Hornmehl bzw. Hornspäne kann man ebenfalls ausbringen.

Probleme Gefährlich ist die Kraut- und Braunfäule *(Phytophthora infestans)*, eine Pilzkrankheit, die Blätter, Stängel und Früchte befällt und im Extremfall die Pflanzen zum Absterben bringt. Vorbeugen lässt sich durch die Wahl der richtigen Sorte. Relativ widerstandsfähig sind Cherry- und Cocktailtomaten, Baumtomaten und Wildtomaten. Schutz bietet auch der Anbau an einem vor Regen und Tau geschützten Platz im Kleingewächshaus, im Tomatenhaus oder unter einem Dachvorsprung. Wenn die Krankheit doch auftritt, brechen Sie die unteren Blätter ab und entfernen Sie kranke.

Ernten und lagern Tomaten möglichst vollreif ernten. Grün geerntete, gesunde Tomaten reifen im Haus gut nach. Die Früchte einzeln nebeneinander auf ein Tablett oder in eine Schachtel legen und kühl (aber nicht kalt) und dunkel stellen. Lagern Sie reife Früchte nie im Kühlschrank, sondern bei Zimmertemperatur oder etwas darunter.

So klappt's garantiert

1. Tomaten gleichmäßig mit Wasser versorgen, sonst besteht die Gefahr, dass die Früchte nach einem Regenguss nach einer längerer Trockenphase platzen.
2. Mit abgestandenem Wasser direkt auf den Boden gießen und dabei das Hochspritzen von Gießwasser vermeiden, um dem Befall mit Kraut- und Braunfäule vorzubeugen.
3. Mit Kompost oder Kräuterjauche düngen.
4. Mit zerschnittenen Brennnesseln den Boden bedecken; das mineralstoffreiche Kraut wirkt zudem als Dünger.
5. Braune, eingetrocknete, von Krautfäule befallene Blätter abbrechen und entsorgen.

Was tun bei Tomatenschwemme?

Es gibt kaum ein anderes Gemüse, das so vielseitig in der Küche verwendbar ist. Bei einer Ernteschwemme können Sie Ihre Tomaten ganz oder in Stücken einfrieren, als Püree oder Sugo einmachen oder sogar im Backofen trocknen.

Einfrieren

_ *ganze Früchte einfrieren*

_ *Früchte roh pürieren, in Eiswürfelbehälter (oder kleine Gläser) füllen und einfrieren. Die Würfel dann in Beuteln oder Dosen aufbewahren.*

Eingefrorenen Tomaten eignen sich als Bestandteil von Suppen und Saucen und zum Abschmecken von Gemüsegerichten.

Konservieren

_ *pikant als Sugo, süß als Marmelade*

_ *süß-sauer als Ketchup oder Chutney*

Für Ketchup grob zerkleinerte Tomaten (2 kg) und gewürfelte Zwiebeln (4 mittelgroße) zusammen mit 1/2 l Weinessig, 2 EL Salz, 4 EL braunem Zucker und 2 Lorbeerblättern in einen weiten Topf geben und bei schwacher Hitze etwa 30 min kochen. Lorbeerblätter herausnehmen, pürieren. Bei schwacher Hitze zum Eindicken weiter kochen und heiß in Gläser oder Flaschen abfüllen.

Paprika Chili & Aubergine

Paprika stammt aus Südamerika und machte zunächst als Gewürz Karriere. Erst Anfang des 20. Jahrhunderts entstand ein mild schmeckender Paprika, dem das scharfe Capsaicin fehlt. Der Gemüsepaprika war geboren! Auberginen haben ihren Ursprung im tropischen Indien. Wahrscheinlich brachten Araber die Pflanze nach Europa. Vermutlich waren es Exemplare mit eiförmigen Früchten – deshalb trägt die Aubergine auch den Namen »Eierfrucht«.

Gemüse-paprika – spitz oder blockig?

1. Spitzer Gemüsepaprika

_ *milder Geschmack*

_ *reich an Vitamin C*

_ *gut zum Füllen und Dippen*

_ *für die Topfkultur*

Wenn es Spitzpaprikas nicht schon gäbe, müssten sie noch gezüchtet werden. Der mild schmeckende Spitzpaprika ist erst vor wenigen Jahrzehnten durch Mutation aus scharfem Paprika entstanden. Seither sind viele neue Sorten für Garten und Kleingewächshaus auf den Markt gekommen: 'Atris' F_1 – bis 22 cm lange Schoten, große Pflanzen, Anbau im Gewächshaus; 'Luigi' F_1 – kleine spitze Früchte mit kleinem Kerngehäuse; 'Palladio' F_1 – aromatisch, von Grün nach Gelb abreifend; 'Pantos' – Früchte bis ca. 20 cm lang, bis 2 m hohe Pflanzen, Anbau im Gewächshaus; 'Pinokkio' F_1 – früh reifend, von Hellgelb nach Orangerot abreifend.

2. Blockpaprika

_ *gut zum Füllen und Grillen*

_ *dekorative Früchte*

_ *für warme Klimalagen*

Dies ist die Paprikaform, die im Gemüsehandel hauptsächlich angeboten wird. Attraktiv ist sie durch ihre schönen Farben. Gemüsepaprika braucht für gutes Gedeihen einen warmen, geschützten Ort. Gute Sorten sind: 'Bendigo' F_1 – großfrüchtig, erst Grün, dann nach Rot reifend; 'Ice Age' F_1 – von Elfenbeinfarben nach Orangerot abreifend, für Topfkultur; 'Lozorno' F_1 – milder Geschmack, früh reifend, für ungünstige Klimalagen, von Mittelgrün nach Rot abreifend; 'Mavras' F_1 – von Glänzendviolett nach Dunkelrot abreifend.

3. Tomaten- & Minipaprika

_ *dickfleischige, kleine runde Früchte*

_ *frisch verbrauchen*

_ *zum Einlegen*

_ *für Topfkultur*

In dieser Gruppe finden sich Sorten, die sich sehr gut für die Kultur in Töpfen eignen. Die meist runden Früchte sollten frisch verbraucht werden; wegen ihrer Dickfleischigkeit lassen sie sich nicht gut trocknen. Schöne Sorten sind: 'Liebesapfel' – runde, rote, dickfleischige Früchte; 'Peppino' F_1 – flachrunde Früchte, sehr früh, kompakte Pflanzen, mittelscharf; 'Pritavit' F_1 – Tomaten-Paprika mit dickwandigen Früchten; 'Red Tinkerbell' F_1 – früh reifend, blockförmige Mini-Früchte, für Topfkultur; 'Topgirl' – Tomaten-Paprika, samenfeste Sorte; 'Türkenkugel' – kirschgroße, rote, dickfleischige Früchte, samenfeste Sorte.

Schon gewusst?

Paprika- und Peperoni unterscheiden sich in Form, Größe und Schärfe. Unreife Früchte können orange, grün, gelb, rot oder violett, ja sogar weiß gefärbt sein. Die meisten werden beim Reifen rot. Es gibt jedoch auch Sorten, die von Grün nach Gelb, Orange oder Violett abreifen. Gemüsepaprika hat einen sehr hohen Gehalt an Vitamin C, der weit höher ist als jener von Tomaten oder sogar Zitronen.

Der Scharfstoff Capsaicin sitzt in den Samen und Scheidewänden. Wer es nicht ganz so scharf mag, entfernt sie deshalb beim Putzen.

4. Peperoni

_ *lässt sich gut trocknen*
_ *gut für die Kultur im Beet*
_ *kräftiger Wuchs*

Rot, schlank und scharf – so müssen Peperoni sein! Ein typischer Vertreter ist die Sorte 'De Cayenne', deren Früchte von Dunkelgrün nach Rot abreifen. Sie bringt im Freiland ausgepflanzt einen guten Ertrag, wenn man die Pflanzen regelmäßig gießt. Peperoni (Chilis) gibt es in einer erstaunlichen Vielfalt an Formen und Farben! Mit Früchten in Grün, Gelb, Orange, Rot, Tiefrot, Dunkelviolett bis fast Schwarz.

ganz schön scharf

5. Weitere Peperoni

_ *von mittelscharf bis extrem scharf*
_ *begehrte Sammelobjekte*
_ *für die Topfkultur*

Empfehlenswerte Sorten sind: 'Bolivian Rainbow' – kleine, aufrecht stehende Früchte mit interessantem Farbspiel, von Violett über Gelb und Orange nach Rot abreifend; 'Gusto Purple' F1 – von Grün über Rot nach Purpur abreifend, mittelscharf (Bild); 'Jalastar' F_1 – konisch geformt, ca. 7 cm lang, von Dunkelgrün nach Dunkelrot abreifend; 'Diavolo' F_1 – früh reifend, sehr scharf; 'Fireflame' F_1 – früh reifend, von Grün nach Rot abreifend; 'Halblanger Vulkan' – ca. 10 cm lang, zylindrisch spitz; 'Sumher' F_1 – Türkischer Spiral-Paprika, bis ca. 24 cm lange, dünne, leicht in sich gedrehte Früchte, wird mit Vollreife schärfer; 'Sunflame' F_1 – früh reifend, von Grün nach Gelb abreifend; 'Tabasco' – spitz zulaufende Früchte, ca. 5 cm lang, sehr scharf.

6. Habanero-Chilis

- _ *extrem scharf*
- _ *etwas unförmige, stumpfe Früchte*
- _ *große Pflanzen mit breiten Blättern*
- _ *für die Topfkultur*

Habanero-Chilis sind etwas für Chili-Fans, denen es nicht scharf genug sein kann. Sie gelten mit dem Schärfegrad 10 als die schärfsten der Welt und sind für europäische Gaumen fast nicht zu ertragen. Von pulverisierten Chilis reichen winzige Mengen. Die Pflanzen brauchen sehr viel Wärme, deshalb wachsen sie nur im Gewächshaus oder an einem geschützten Ort in Töpfen. Habanero-Chilis werden in verschiedenen Farbsorten angeboten, so gibt es eine orangefarbene, die von Hellgrün nach Orange abreift, eine gelbe, bei der die Farbe von Hellgrün nach Goldgelb umschlägt und eine braune Sorte 'Chocolate', die von Dunkelgrün nach Braun abreift.

7. Thai-Chili

- _ *aufrecht stehende Mini-Früchte*
- _ *wächst kompakt*
- _ *schön in Töpfen*
- _ *zur Tischdekoration*

Thai-Chilis fallen aus der Reihe der bekannten Peperoni-Sorten mit hängenden Früchten: Bei ihnen stehen die kleinen Früchte aufrecht. Die niedrigen Pflanzen wachsen buschig und tragen kleine, dunkelgrüne Blättchen. Die mittelscharfen Früchte reifen von Violett nach Rot ab. Auch bei den essbaren Zierpaprikas stehen die Früchte aufrecht.

8. Violette Auberginen

_ *vor dem Essen erhitzen*
_ *für Gemüsegerichte, Aufläufe, Pasten*
_ *sehr wärmebedürftig*

Auberginen wachsen am besten im Kleinge-wächshaus. Zur Auswahl stehen die bekann-ten Sorten mit rundlichen, violetten Früch-ten und auch weiße, weiß-violette Sorten und solche mit länglichen Früchten: 'Black Beauty' – früh, ertragreich; 'Galina' F_1 – selbst befruchtend, für Freiland und Gewächshaus; 'Madonna' F_1 – bis etwa 1 m hoch; 'Orlando' F_1 – Mini-Aubergine mit länglichen Früchten.

9. Exotische Auberginen

_ *vor dem Essen erhitzen*
_ *für Chutneys*
_ *fürs Kleingewächshaus*

Auberginen können rund, rund-oval, keulen- oder schwertförmig geformt sein und bis zu 50 cm lang werden. Sie können wenige Gramm wiegen, aber auch bis zu einem Kilo auf die Waage bringen. Und das Spektrum der Fruchtfarben reicht von Weiß über Hellgrün, Rosa und Violett bis hin zu Weiß mit violet-ter Zeichnung. Bei der empfehlenswerten exotischen Sorte 'Udumalapet' sind die 6 cm langen Früchte hellgrün mit violetten Streifen.

nicht immer nur violett

Die Wärme macht den Unterschied

Auberginen, Paprika und Chili sind Sonnenanbeter. Die Aubergine mit ihrer tropischer Herkunft noch mehr als Chili und Paprika. Pflanzen Sie sie an einen geschützten Platz, am besten im Kleingewächshaus.

Paprika und Peperoni werden ab Ende Februar und im März gesät, in mit Aussaatsubstrat gefüllte Töpfchen. Der beste Pflanztermin (auch für gekaufte Jungpflanzen) ist, wenn die ersten Blütenknospen sichtbar sind. Zum Auspflanzen ab Mitte/Ende Mai einen warmen, bedeckten und windstillen Tag wählen. In Abstand von 40 oder 50 cm pflanzen. Sehr große, kräftige Pflanzen mit einem Stab stützen. Bei starkem Fruchtbehang weitere Stäbe dazustecken. Paprikapflanzen brauchen viele Nährstoffe, daher ausreichend mit Kompost und/oder Handelsdünger versorgen. Paprika bilden nur wenig Wurzelwerk aus, sie können sich also nicht aus tieferen Bodenschichten mit Wasser versorgen. Umso wichtiger ist deshalb das Mulchen der Bodenoberfläche und regelmäßiges Gießen.

Auberginen muss man früh, Ende Februar, spätestens Anfang März säen, da sie eine lange Entwicklungsdauer haben. Pikiert wird, sobald das zweite Blattpaar erscheint. Die Jungpflanzen müssen sehr hell stehen, eventuell zusätzlich mit speziellen Pflanzenleuchten belichten. Ende Mai bis Mitte Juni wird ausgepflanzt, da sie Temperaturen unter 12 °C nicht vertragen. Das Pflanzen auf einen kleinen Hügel ist günstig, weil sich hier der Boden schnell erwärmt.

Auberginen brauchen viel Wasser und Dünger, ab der ersten Blüte alle paar Wochen mit Flüssigdünger oder verdünnter Brennnesseljauche düngen (1:10 mit Wasser verdünnt).

1. Paprika und Auberginen erst nach Mitte Mai ins Freiland pflanzen.

2. Auberginen fühlen sich bei über 20 °C im Kleingewächshaus am wohlsten.

3. Paprikapflanzen im Lauf des Wachstums anhäufeln, damit sie nicht umkippen.

4. Boden mit Mulch bedecken, damit er gleichmäßig feucht bleibt.

Ernten und Lagern

Erntezeitpunkt Paprikafrüchte lassen sich in verschiedenen Reifestadien ernten. Zunächst sind die Früchte grün oder je nach Sorte auch gelb oder violett-schwarz. Mit zunehmender Reife schlägt die Farbe in Rot um. Halbreife Früchte sollten nicht zu lange hängen bleiben, sonst lassen die Blütenbildung und der weitere Fruchtansatz deutlich nach. Erst im Spätsommer und Herbst kann man die Früchte an den Pflanzen ausreifen lassen.

Paprika lagern Paprikafrüchte kann man nur ein paar Tage lang lagern, am besten bei 8 bis 10 °C im Kühlschrank. Peperoni halten sich etwa eine Woche lang frisch.

Auberginen ernten Auberginen werden halbreif geerntet. In diesem Stadium ist die Schale gut ausgefärbt und glänzt. Beim Aufschneiden sind die Samenkerne weiß und weich. Die Früchte reifen noch nach und lassen sich etwa eine Woche lang im Haus lagern.

Auberginen lagern Die beste Lagertemperatur ist bei 8 bis 12 °C und bei hoher Luftfeuchtigkeit. Bei kühlerer Lagerung bekommt die Fruchthaut Flecken. Auberginenfrüchte nicht zusammen mit Tomaten und anderem Gemüse, und auch nicht mit Obst lagern.

Peperoni konservieren Peperoni trocknen sehr gut an der Luft. Trockene Früchte am besten in Gläsern aufbewahren. Dunkel stellen, damit die intensive Farbe nicht verblasst. Alternativ: Peperoni in Olivenöl einlegen. Ergibt ein scharfes Würzöl wie am Mittelmeer – zum Beträufeln von gebratenem Fleisch oder Pizza.

5 Probleme erkennen und vorbeugen

1. Blattläuse, Weiße Fliege und Spinnmilben sind typische Schädlinge an Paprika- und Auberginenkulturen.
2. Im Kleingewächshaus können Nützlinge als Gegenspieler eingesetzt werden.
3. Bei Auberginen vergilbte Blätter regelmäßig entfernen.
4. Auberginen gut feucht halten, damit sie widerstandsfähig gegen Krankheitsbefall werden.
5. Bei Auberginen auf Kartoffelkäfer achten – diese fressen an den Blättern.

Paprika das ganze Jahr

Gemüsepaprika lässt sich roh, gedünstet, geschmort und gegrillt verwenden. Größere Früchte eignen sich zum Füllen mit Hackfleisch und Reis. Auberginen sollten Sie nie roh essen, weil sie Solanin enthalten und bitter schmecken.

Paprika marinieren

_ *für italienische Vorspeisen*

_ *hält sich ein paar Tage im Kühlschrank*

Früchte halbieren, vierteln oder in Streifen schneiden. Im Backofen bei ca. 200 °C backen. Von erkaltenden Früchten Haut abziehen. Das Gemüse in ein flaches Porzellangefäß legen, leicht salzen und pfeffern und mit Olivenöl und Weißweinessig übergießen. Nach Geschmack fein gehackten Knoblauch beigeben. Mindestens 8 Stunden lang durchziehen lassen.

Auberginenpaste

_ *leckerer Brotaufstrich*

_ *hält sich ein paar Tage im Kühlschrank*

Auberginen in kleine Stücke schneiden. Zwiebel(n) fein hacken. Das Gemüse in Olivenöl anbraten und mit aufgelegtem Deckel kurz dünsten. Das weiche Gemüse pürieren, mit Salz, Pfeffer und aromatischen Gewürzen wie Thymian oder Oregano abschmecken.

Für Experimentierfreudige

Zucchini & Kürbis

Die Kürbisfamilie lässt, was Formen und Farben angeht, keine Wünsche offen! Da gibt es Gemüsekürbisse, Riesenkürbisse, Kürbisse für Halloween, Zierkürbisse und hervorragende Speisekürbisse für Suppen oder Pumpkin-Pie. Gemüsekürbisse und Zucchini gelangten in den 1960er-Jahren in deutsche Küchen und gehören heute zum Standard-Gemüse-Repertoire. Mittlerweile hat der orangefarbene, schmackhafte Hokkaidokürbis der manchmal doch faden Zucchini den Rang abgelaufen.

die besten Sorten für den Garten

1. Längliche Zucchini

_ *dunkelgrün oder gelb*

_ *für Lasagne, eingelegt, für Salate*

_ *spezielle Sorten für Topfkultur*

Ernten Sie die Zucchini, solange sie noch jung und zart sind, dann wachsen umso schneller weitere Früchte nach. Ab dem Spätsommer werden Zucchini häufig von Echtem Mehltau befallen. Empfehlenswert: 'Black Forest' F_1 – kletternd; 'Diamant' F_1– ertragreich; 'Gold Rush' F_1 – gelbfrüchtig; 'Mirza' F_1 – unempfindlich gegen Mehltau; 'Patio Star' F_1– kompakt, für Topfkultur.

2. Rundliche Zucchini & Patissonkürbis

_ *Früchte roh oder gedünstet zuzubereiten*

_ *für Aufläufe, zum Einlegen*

_ *kompakte Pflanzen ohne Ranken*

Ernten Sie die grünen oder gelben Früchte jung, die runden Sorten etwa mit einem Durchmesser von 10 cm. Wuchs kompakt, Blüten essbar – gefüllt mit Frischkäsecreme eine Delikatesse! Gute Sorten: 'Bush Baby' F_1 – kurze Früchte, hellgrüne Längsstreifen; 'Eight Ball' F_1 – rund, dunkelgrün; 'Summer Ball' F_1 – rund, gelb, ideal für die Topfkultur.

3. Hokkaidokürbis

_ *für Suppen, Kuchen, süß-sauer eingelegt*

_ *lange lagerfähig*

_ *lange Ranken und Triebe*

Das dunkelgelbe Fruchtfleisch schmeckt angenehm nussig-süßlich. Hokkaido ist nicht gleich Hokkaido: Eine der beliebtesten Sorten ist 'Ushiki Kuri'. Früchte rundlich mit orangeroter Schale. 'Vesuv' F_1 ebenfalls orangefarben, aber von flachrunder Form. Die Sorte 'Bischofsmütze' hat turbanähnliche Früchte, überwiegend orange gefärbt, teils mit grünen und weißen Streifen, und ein sehr süßes Fruchtfleisch.

4. Butternusskürbis

_ *fein-süßer, nussiger Geschmack*

_ *festes Fruchtfleisch, lange lagerfähig*

_ *kurze Triebe*

Die handlichen Kürbisse erkennt man an ihrer hellen Farbe und der typischen Glocken- oder Birnenform. Hoher Fruchtfleischanteil (90 bis 95 %, kleine Samenhöhle). Wertvoll sind Butternusskürbisse auch wegen ihrer sehr guten Lagerfähigkeit von bis zu einem Jahr! Die glockenförmigen, beige-terrakottafarbenen Früchte der Sorte 'Early Butternut' F_1 reifen in nur 90 bis 100 Tagen zu 1 bis 2 kg schweren Exemplaren heran.

Ohne Platz geht es nicht

Wissenswertes Zucchini und Kürbisse brauchen mehr Platz als alle anderen Gemüsearten. Viele Sorten bilden lange, rankende Triebe aus und bedecken schnell mehrere Quadratmeter Beetfläche. Einige neue Züchtungen eignen sich auch für kleine Gärten oder für die Kultur in Töpfen.

Arten und Sorten Kürbisse und Zucchini unterscheiden sich in wesentlichen Eigenschaften, vor allem in Wuchsform, Reifezeit und in Fruchteigenschaften wie Farbe, Konsistenz des Fruchtfleischs und Geschmack. Kein Wunder, denn es handelt sich um verschiedene Pflanzenarten. Die rankenlosen Zucchini sind Gemüsekürbisse oder Sommerkürbisse der botanischen Art *Cucurbita pepo*. Speisekürbisse oder Winterkürbisse gehören dagegen zur botanischen Art *Cucurbita maxima* mit teils langen Trieben und Riesenkürbissen in der Verwandtschaft. Butternuss- oder Squashkürbisse wiederum werden als Moschuskürbisse *(Cucurbita moschata)* bezeichnet.

Aussaat Kürbisse lassen sich leicht aus Samen heranziehen. Der richtige Zeitpunkt zum Säen ist Ende April. Die großen Samenkörner werden einzeln oder zu zweit in mit Aussaatsubstrat gefüllte Töpfchen gesteckt (mit der Spitze nach unten), die man zum besseren Keimen mit einer Plastiktüte umhüllt. Bis zum Keimen sollten die Töpfchen sehr warm stehen. Sobald die Keimblätter erscheinen, kann die Umgebungsluft etwas kühler sein. Die Pflänzchen entwickeln sich rasch und können nach Mitte Mai ins Freiland gepflanzt werden.

Auspflanzen Geben Sie den Kürbissen einen Platz, an dem sie sich nach allen Richtungen ausbreiten können. In einem kleinen Garten lässt sich der anfänglich freie Platz um die Kürbis- oder Zucchinipflanzen gut ausnutzen, indem man schnell wachsende Schnitt- und

1. Bei wenig Platz kompakt wachsende Zucchini- und Patisson-Kürbisse auswählen.

2. Gelbfrüchtige Zucchini- und Patissonkürbisse bringen Farbe aufs Beet.

3. Bei der Auswahl der Sorte an die Verwertung denken: für leckere Suppen Hokkaidokürbisse pflanzen.

Pflücksalate, Spinat oder Radieschen daneben kultiviert. Die räumen dann den Platz, bevor ihn die Kürbisgemüse ausfüllen.

Es kann nötig sein, die Jungpflanzen vor Schneckenfraß zu schützen. Und achten Sie darauf, dass sie zum Anwachsen genügend Wasser haben!

Wer kann, sollte seine Kürbisse auf den Kompost oder auf kleine Erdhügel pflanzen. An einem solchen Platz entwickeln sich die wärme- und nährstoffliebenden Kürbisse besonders gut. Andererseits entziehen sie dem Kompost Nährstoffe, sodass er an Düngewert verliert.

Gießen und Düngen Für guten Fruchtansatz brauchen Zucchini und Kürbisse reichlich Wasser und viele Nährstoffe. Geben Sie Dünger am besten in Form von Kompost auf die Erdoberfläche, danach leicht einarbeiten. Den Boden um die Pflanzen mit einer Mulchschicht bedecken.

Einfache Schritte zum Erfolg

1. Nach kurzer Vorkultur im Haus nach Mitte Mai ins Freie pflanzen. Jungpflanzen wachsen am besten an, wenn sie zwei Laubblätter ausgebildet haben.
2. Zucchini und Kürbisse brauchen mehr Platz als andere Gemüsearten, deshalb einzeln oder mit weitem Reihenabstand von etwa 1,50 m pflanzen.
3. Mulchen Sie mit organischem Material oder Mulchvlies, damit der Boden darunter gleichmäßig feucht bleibt.

Ernten und Lagern

_ *Zucchini und Kürbisse werden bei Ernte und Lagerung unterschiedlich behandelt.*

Reifezeit und Ernte von Zucchini Zucchini und Patissonkürbisse brauchen nur zwei bis drei Monate vom Säen bis die ersten Früchte reifen. Ernten Sie sie jung mit einer Länge von 12–20 cm, solange sie noch zart und kernlos sind, dann setzen sie immer neue Früchte an. Große Früchte lassen sich mit ihrer harten Schale und dem schwammigen Fruchtfleisch kaum noch verwerten.

Reifezeit und Ernte von Speise- und Moschuskürbissen Diese Kürbisarten werden ab September reif. Laub und Stängel werden dann braun und dürr – sieht nicht schön aus, ist aber normal. Kürbisse sollten vor dem ersten Frost geerntet werden. Lassen Sie die Früchte an einem warmen, sonnigen Platz noch zwei bis vier Wochen nachreifen. Dabei härten Schale und Stielrest aus – so sind sie ideal vor Austrocknung geschützt und lassen sich lange lagern.

Zucchini lagern Junge, »unreife« Zucchini halten sich im Kühlschrank nur etwa eine Woche, ausgereifte etwas länger.

Speisekürbisse lagern Kürbisse lassen sich je nach Sorte sehr gut lang lagern. Sie halten am besten bei einer Temperatur von 10–15 °C und bei trockener Luft. Also auf keinen Fall in luftfeuchte Räume oder in den Keller zu Kartoffeln, sondern eher in kühle Wohnräume oder ins Treppenhaus. Besonders gut lagerfähig (bis zu einem Jahr) sind Butternusskürbisse oder der Moschuskürbis 'Muscat de Provence'.

Pflanzenschutz

1. Echter Mehltau ist die wichtigste Krankheit. Bei Befall werden Blätter braun und die Pflanzen sterben ab; einige Sorten sind widerstandsfähig.
2. Zur Vorbeugung vor Falschem Mehltau resistente Sorten wählen.
3. Kürbis nicht zu viel düngen, da sich sonst weniger Blüten bilden. Zucchini evtl. im Sommer flüssig nachdüngen.
4. Nie austrocknen lassen: Wassermangel führt bei Zucchini zu bitteren Früchten.
5. Beim Ernten etwa einen 10 cm langen Stielansatz an den Früchten lassen.

Leckeres aus Kürbis & Co.

Die kalorienarmen Zucchini besitzen wenig Eigengeschmack. Da kommt es auf die Raffinesse bei der Zubereitung an: roh, gedünstet, gebraten, gebacken oder süß-sauer eingelegt – flexibel ist dieses Gemüse!

Die schmackhaften Hokkaidokürbisse kann man ganz mit der Schale verarbeiten. Für Suppe in Stücke schneiden, in etwas Wasser weich kochen, das Fruchtfleisch pürieren und mit Salz, Curry und Chilipulver abschmecken. Große Portionen sind superschnell zubereitet und Reste können eingefroren werden.

Kürbis süß-sauer

_ *guter Vorrat für den Winter*

_ *zu kaltem Fleisch oder zu Rindfleisch*

Kürbisfleisch in Streifen oder Stücke schneiden. In eine Porzellanschüssel schichten und mit Weinessig übergießen, bis das Kürbisfleisch ganz bedeckt ist. Mindestens 12 Stunden stehen lassen. Den Weinessig in einen Topf abgießen und mit Zucker (auf 1 l Weinessig 250–300 g Zucker) und Gewürzen (Gewürznelken, Zimtstangen, Ingwerstücke oder Chili) aufkochen, Kürbisstücke hinzufügen und bissweich kochen. Kürbisstreifen in Einmachgläser oder Schraubgläser füllen und mit dem erkalteten Essig-Zucker-Sud übergießen. Hält sich, kühl aufbewahrt, monatelang.

Bohnen & Erbsen

Bohnen und Erbsen sind attraktiv, leicht zu kultivieren und bringen fein schmeckende Hülsen und Schoten hervor – was will man von Gemüse mehr erwarten? Fangen Sie einfach mit dem Anbau an. Nach kurzer Zeit ernten Sie süße Zuckererbsen zum Naschen, Markerbsen fürs Risotto oder Buschbohnen für Salate und Gemüsegerichte. Die kletternden Stangen- und Feuerbohnen bieten guten Sichtschutz, zudem liefern sie nahrhafte Bohnenkerne.

buschig oder schlingend?

1. Buschbohne

_ *dekorative Pflanzen mit schönen Blüten*

_ *unreif als grüne Bohnen ernten*

_ *bei satzweisem Anbau monatelange Ernte*

_ *feines Gemüse für die Gourmetküche*

Buschbohnen lassen sich einfach anbauen. Die großen Samenkörner werden ab Mitte Mai entweder in Reihen oder horstartig ausgesät. Sie sind ideal für kleine Flächen oder als Lückenfüller, wenn frühe Kulturen wie Salate oder Radieschen den Platz räumen. Schöne Sorten sind: 'Gusty' – kein satzweiser Anbau nötig, wächst immer weiter und trägt bis Oktober; 'Hildora' – gelbe Wachsbohne; 'Primel' – runde, gerade 18–20 cm lange Hülsen; 'Mascotte' – kompakt wachsend, 14 cm lange Hülsen, für kleine Gärten und Balkonkästen; 'Maja' –18–20 cm lange, runde Hülsen; 'Maxi' – sehr früh, über dem Laub hängende Hülsen; 'Purple Teepee' – blauhülsig; 'Speedy'- sehr früh, grünhülsig; 'Golddukat' – gelbe, lange Hülsen; 'Borlotto' – italienische Sorte, rot gefleckte Hülsen, die beim Kochen grün werden.

2. Stangenbohne

_ *lange Hülsen*

_ *grün ernten oder zu Trockenbohnen ausreifen lassen*

_ *guter Sichtschutz an Kletterunterlage*

_ *ertragreicher als Buschbohnen*

Stangenbohnen brauchen sehr viel Wärme, deshalb erst säen, wenn sich der Boden auf über 10 °C erwärmt hat. Und sie sind empfindlich gegen Wind. Während Blüte und Fruchtausbildung brauchen Stangenbohnen viel Wasser. Die langen Hülsen sind – je nach Sorte – flach und breit, oval oder rund geformt. Sorten: 'Berner Landfrauen' – grün-violett gestrichelt und gesprenkelt; 'Blauhilde' – rund, blauhülsig; 'Hilda' – flache, breite Hülsen, 25–27 cm lang, auch fürs Gewächshaus; 'Marga' – dunkelgrüne, bis 26 cm lange Hülsen, auch fürs Gewächshaus; 'Neckargold' – rund, tiefgelb; 'Neckarkönigin' – bewährte Sorte.

3. Prunk- & Feuerbohnen

_ *Zierpflanze mit schönen Blüten*

_ *ertragreich*

_ *hauptsächlich zur Körnernutzung*

_ *guter Sichtschutz an Rankwänden*

Feuerbohnen sind robuster als Busch- und Stangenbohnen und kommen mit weniger Wärme aus. Dafür sind die Hülsen gröber. Für die Verwendung als grüne Bohnen muss man die Hülsen früh ernten und die Bestände dafür immer gut durchpflücken. Wenn man die Hülsen ausreifen lässt, bekommt man Trockenbohnen. Die wüchsigen Kletterpflanzen schlingen an der Stangenkonstruktion bis etwa 3 m hoch.
Sorten: Zwergprunkbohne 'Hestia' – weiß-rote Blüten, 50 cm hoch; 'Lady Di' – rote Blüten, fadenlos; 'Preisgewinner' – sehr wüchsig, rot blühend, verwaschen violettrote, schwarz gesprenkelte Bohnen; 'Weiße Riesen' – weiße Blüten.

4. Mark- & Schalerbsen

_ *frühe Ernte nach 8 bis 12 Wochen*
_ *feines Gemüse, ertragreich*

Bei Markerbsen, Pal- oder Schalerbsen »palt« (pellt) man die unreifen Erbsen aus den Hülsen. Schalerbsen nimmt man für deftige Gerichte, Markerbsen schmecken feiner. Sorten: Markerbse 'Aldermann' – spät reifend, 1,5 bis 2 m hoch; Palerbse 'Kleine Rheinländerin' –sehr früh, 30 bis 40 cm hoch, keine Stütze nötig; Markerbse 'Markana' – mittelspät, stützt sich selbst; 'Spring' – süß, Aussaat im Februar/März, Ernte bereits ab Mai.

5. Zuckererbsen

_ *wächst rasch, ertragreich*
_ *als Naschgemüse zum roh essen*

In jedem noch so kleinen Garten sollte sich ein Platz für Zuckererbsen finden, zumal es diese Spezialität kaum im Gemüsehandel zu kaufen gibt. Kinder (und Erwachsene) mögen die zuckersüß schmeckenden Hülsen, die samt der Hülse roh genossen werden. Gedünstet schmecken sie natürlich auch. Gemüsezüchter unterscheiden fein zwischen Kaiserschoten mit flachen Hülsen und dickfleischigen Knackerbsen. Zuckererbsen werden ab Ende März ausgesät. Sorten: Kaiserschote 'Norli' – sehr frühe Sorte, ca. 50 cm hoch; 'Schweizer Riesen' – starkwüchsig, bis 2 m hoch; Knackerbse 'Zuccola' – fadenlose Hülsen.

Schoten oder Erbsen?

Bohnen wollen hoch hinaus

Bohnen schlingen, Erbsen ranken. Bei Bohnen bewegt sich die Triebspitze mit kreisförmigen Wachstumsbewegungen, bis sie einen Halt findet. Erst wenn sich der Trieb fest verankert hat, bilden sich die Blätter aus. Bei den Erbsen sind Blätter zu dünnen Ranken umgewandelt.

Kletterhilfen für Erbsen Am besten eignen sich getrocknete, dünne Haselnusszweige, die man einfach zwischen die jungen Erbsenpflanzen steckt. Wer keine Reiser besorgen kann, nimmt Maschendraht (Hasendraht) oder ein anderes feinmaschiges Drahtgitter, das an Pflöcken befestigt wird. Auch Ranknetze aus Kunststoff sind im Handel. Einige niedrig wachsende Sorten brauchen keine Rankhilfe; andere Sorten stützen sich durch starke Rankenbildung selbst.

Kletterhilfen für Stangenbohnen Stangenbohnen und Feuerbohnen wachsen mindestens 2 bis weit über 3 m in die Höhe. Die Pflanzen brauchen also eine mindestens 2 m hohe, stabile Stütze in Form von Holzstangen, Bambusstäben, Schnüren oder Drähten, an denen sie sich in die Höhe schlingen. Wer es besonders einfach haben will, findet im Gartenhandel einfach aufzubauende Bohnenwigwams, -zelte mit Schnüren oder den sogenannten Bohnenring aus Kunststoff, mit dem Bambusstäbe befestigt werden. Sogar für Pflanzgefäße gibt es Konstruktionen, an denen Bohnen schlingen können.

Pflanzen & Pflegen

1. Kultur auf Gartenbeeten

2. dekorativer Schmetterlingsblütler

Boden Erbsen mögen feinkrümelige, gute, tiefgründige Gartenböden, die sich schnell erwärmen und das Wasser gut halten.

Aussaat Schalerbsen ab März, Markerbsen ab April (bis Ende Mai) in Sätzen säen. Man zieht Saatrillen, in die man die Samenkörner mit einem Abstand von etwa 3 cm und 3–5 cm tief ablegt und gut festdrückt. Saatrillen mit feiner Erde bedecken und mit dem Rechenrücken leicht festklopfen. Bei kletternden Erbsen bietet es sich an, in Doppelreihen links und rechts der Kletterhilfe zu säen. So sind die Erbsen zum Hacken und Ernten gut zugänglich.

Pflege Junge Bestände hacken, um den Boden zu lockern und Unkraut zu bekämpfen. Bei Trockenheit durchdringend gießen. Dabei die jungen Pflanzen mit Erde anhäufeln. Immer gut durchpflücken, damit sich schnell neue Erbsenhülsen bilden. Erbsen braucht man nicht zu düngen. Sie selbst hinterlassen Stickstoff im Boden.

Probleme Amseln und Schnecken machen nach meiner Erfahrung im Hausgarten bei der Kultur am meisten Probleme. Vögel picken gerne frisch ausgesäte Körner aus dem Boden. Und Schnecken fressen an quellenden Samen und Keimlingen.
In manchen Jahren richtet der Erbsenwickler Schaden an. Äußerlich ist an den Hülsen kaum etwas zu sehen. Im Inneren jedoch fressen die Schmetterlingslarven, die Räupchen, die Erbsenkörner auf.

Feines Gemüse mit Erfolgsgarantie

Wissenswertes Bohnen und Erbsen gehören zur Pflanzenfamilie der Schmetterlingsblütler. Sie besitzen die Eigenschaft, mithilfe von Knöllchenbakterien an den Wurzeln im Boden Stickstoff aus der Luft zu nutzen.

Aussaat von Buschbohnen Der Boden sollte sich auf 8 bis 10 °C erwärmt haben. Ab Anfang Mai bis 10. Juli entweder in Horsten zu 6–8 Körnern oder in Reihen im Abstand von 30–50 cm 3–5 cm tief säen. Säen Sie Buschbohnen nicht auf einmal, sondern in Sätzen etwa im Abstand von drei Wochen. Auf diese Weise verteilt sich die Ernte über viele Monate und Sie ernten gerade so viel, wie Sie verbrauchen können. In Kältephasen keimen Bohnen schlecht und bleiben im Wachstum zurück. Aus diesem Grund gelingen späte Aussaaten von Juni bis Anfang Juli oft besser.

Aussaat von Stangenbohnen Samenkörner vor der Saat ca. 12 Stunden einweichen, damit sie besser keimen. Ab Mitte Mai ins Freiland säen. Späte Aussaaten bringen durch die kürzere Kulturdauer weniger Ertrag.

Aussaat von Erbsen Im Unterschied zu Erbsen brauchen Buschbohnen und Stangenbohnen viel Wärme. Sie dürfen erst frühestens ab Anfang Mai in den Garten gesät werden.

Pflege Die Erde um die Kulturen während des Wachstums locker halten und Reihen oder Horste leicht mit Erde anhäufeln. Bitte beachten Sie, dass Bohnen viel Wasser brauchen. Während der Blüte darf der Boden nicht austrocknen. Bei Wassermangel bilden sich wenig Blüten und dementsprechend kaum Hülsen.

1. Bohnen vertragen keine Kälte, deshalb erst nach Mitte Mai ins Freie säen.
2. Stangenbohnen sind sehr wind-empfindlich, deshalb nicht an zugigen Plätzen anbauen.
3. Bohnen brauchen viel Wasser, bei Trockenheit gießen.
4. Auf Schneckenbefall kontrollieren. Schnecken ablesen oder Schneckenkorn streuen.

Grün oder trocken?

Bohnen ernten Von Busch-, Stangen- und Feuerbohnen erntet man entweder Grüne Bohnen, also die unreifen Bohnenhülsen, die unreifen (milchreifen) Samenkörner oder die reifen Bohnensamen, die regional als Bohnenkerne, als Trockenkochbohnen oder schlicht als »Bohnen« bezeichnet werden.

Grüne Bohnen lagern Grüne Bohnen kann man bei lockerer Schichtung etwa eine Woche lang aufbewahren, am besten in Plastikbeuteln im Kühlschrank im Gemüsefach bei 5 bis 7 °C. Wenn sie beim Lagern weich geworden sind, kann man sie durch Einlegen in kaltes Wasser wieder auffrischen. Sie eignen sich sehr gut zum Einfrieren. Dazu muss man sie portionsweise etwa 2 bis 4 Minuten lang blanchieren, in kaltem Wasser abschrecken, abtropfen lassen, dann in Gefrierbeutel füllen und einfrieren.

Trockenbohnen Die reifen und getrockneten Samen sind Nahrungsmittel und Saatgut. Trockenbohnen lassen sich an kühlem, luftigem Ort jahrelang lagern.

Erbsen ernten und lagern Zuckererbsen werden mitsamt der Hülse geerntet. Sie halten sich in Folie gehüllt im Kühlschrank ein paar Tage lang. Bei Markerbsen und Schalerbsen entfernt man die unreifen Samenkörner aus der Hülse. Rasch verbrauchen, da das Gemüse beim Lagern noch nachreift und dabei mehliger wird. Dadurch verlängert sich die Kochzeit. Beide Erbsentypen kann man roh oder gekocht verbrauchen. Markerbsen und Zuckererbsen eignen sich zum Einfrieren (vorher 1 bis 2 Minuten blanchieren).

Tipps zum Ernten und Lagern

1. Bohnen wegen des giftigen Inhaltsstoffs Phasein nie roh essen!

2. Große Erntemengen Buschbohnen und Zuckererbsen blanchieren und einfrieren.

3. Wenn zu viele Stangen- oder Feuerbohnen herangewachsen sind, einfach an den Pflanzen ausreifen lassen. Auf diese Weise bekommt man Trockenbohnen, die Sie jahrelang lagern können.

4. Wer Bohnenkerne gewinnt, kann davon einen kleinen Vorrat für die Aussaat im kommenden Jahr zurückbehalten.

5. Trockenbohnen dunkel und in verschlossenen Gefäßen lagern.

Durchpflücken, einmachen, genießen

Wissenswertes Aus den nahrhaften, eiweiß- und stärkereichen Bohnen (immer kochen) und Erbsen (roh und gekocht verzehrbar) lassen sich schmackhafte Gerichte zaubern.

Warmer Bohnensalat

_ *schnell zubereitet*

_ *Reste halten sich im Kühlschrank bis zu zwei Tage lang*

Dieser Salat lässt sich mit einer beliebigen Menge grüner Buschbohnen zubereiten, je nachdem, wie viele Bohnen erntereif sind. Buschbohnen in gesalzenem Wasser etwa 20 Minuten lang bissfest kochen. Sie dürfen nicht zu weich sein. In einer großen Schüssel eine Vinaigrette aus Weinessig, Sonnenblumenöl, fein gehackter Schalotte, Salz, frisch gemahlenem Pfeffer und wenig Zitronensaft anrichten. Die Bohnen zur Schalottenvinaigrette geben und vorsichtig unterheben. Den Salat etwas ziehen lassen, erneut durchmengen und evtl. nachsalzen. Am besten noch lauwarm servieren. Dazu passt pfeffrige Salami – zusammen mit kräftigem Brot ein sommerliches Abendessen, das wirklich satt macht.

Frisch & knackig
Salat

Bei den Salatgemüsen findet sich für (fast) jeden Platz die passende Art und Sorte – für Beete im Freiland, fürs Frühbeet oder Kleingewächshaus, für die Kultur in Containern und Hochbeeten oder sogar für den Balkonkasten. Salate brauchen wenig Platz und können schon nach kurzer Zeit geerntet werden.

Salate mit ihren frischgrünen oder purpurn gefärbten Blättern sind auf jeden Fall auch etwas fürs Auge. Besonders dekorativ wirken die stark gekrausten Lollo-Salate und roter Eichblattsalat.

1. Pflücksalat

_ *schnell wachsend*
_ *bringt Farbe auf den Salatteller*
_ *ganz jung als Babyleaf-Salat zu ernten*

Pflücksalate wie Lollo-Salate und die ähnlichen Eichblattsalate verführen geradezu zum Salatanbau. Sie ermöglichen es, auf den Beeten mit Farben zu spielen. Hübsch sieht es beispielsweise aus, wenn man rot- und grünblättrige Sorten in Reihen nebeneinander oder abwechselnd in der Reihe pflanzt. Die schossfesten und kälteverträglichen Pflücksalate eignen sich für die ganze Anbausaison,

besonders für den Anbau im Hochsommer und Herbst bis Oktober. Profis schätzen diese Salatgruppe wegen ihrer vielen Resistenzen gegen die Grüne Salatblattlaus und gegen Mehltau.
Lollo-Salate: 'Lollo bionda Onyx' – grünblättrig, dicht gerüschte Blattränder; 'Lollo rossa Solmar' – rotblättrig, schnellwüchsig, schossfest; Eichblattsalate: 'Smile' – grünblättrig, schossfest, kältetolerant, für die ganze Anbausaison; 'Flamenco' – rotblättrig, schossfest, kältetolerant; Pflücksalat 'Amerikanischer Brauner – bildet keine Köpfe, Blätter laufend von außen ernten.

herzhaft & vielseitig

2. Kopfsalat

_ *schnell wachsend*

_ *viele Resistenzen*

_ *gut zu ernten, schnell zu putzen*

Der Klassiker! Nur so viel säen oder pflanzen wie man in ein bis zwei Wochen verbrauchen kann. Nicht rechtzeitig geerntet, schießt Kopfsalat und ist dann kaum noch verwertbar. Für frühe Aussaaten im Frühbeet oder Gewächshaus eignen sich zum Beispiel 'Larissa' oder 'Maikönig'. Es folgen typische Sommersorten wie 'Kagraner Sommer', 'Attraktion' oder 'Merveille de Quatre Saisons'. Neue Salatzüchtungen wie 'Dynamite' und 'Susana' sind resistent gegen die Grüne Salatblattlaus. Sehr gefragt sind »Salanova«-Typen – Salate, bei denen die Köpfe mit einem Schnitt in mundgroße Blätter zerfallen. Oder solche, bei denen es wenig Putzabfall gibt wie bei 'Susana' mit einem hohen Anteil gelber Blätter. Es gibt auch rotblättrige Sorten wie 'Roxy'.

3. Romanasalat

_ *für Sommeranbau, schosst spät*

_ *über lange Zeit zu ernten*

_ *knackige Blätter*

Auch Römischer Salat genannt. Bei diesem Sommersalat mit knackigen Blättern stehen die locker aufgebauten Köpfe aufrecht. Sie behalten wochenlang die Form und schießen erst spät, sodass man sich die Ernte gut einteilen kann. Und zusätzlich zu all diesen Vorzügen werden Romana-Salate weitgehend von Schnecken verschont, weil ihr Blattwerk etwas fester als das der anderen Salate ist. Unbedingt ausprobieren! Sorten: 'Forellenschluss' – rot gesprenkelte Blätter; 'Xanadu' – Mini-Romana-Salat mit gelbem Herz; 'Ovired' – Blattrosetten wie beim Feldsalat, nur etwas größer, ganze Rosetten oder nur einzelne Blättchen als Babyleaf-Salat ernten (Bild).

knackig, herb oder frisiert?

4. Endiviensalat

_ *Aussaat Juni bis Juli auf Saatbeet*

_ *Ernte im Spätherbst und Winter*

_ *feste, leicht bitter schmeckende Blätter*

Endiviensalat unterscheidet sich durch sein anderes Blattwerk und seine anderen Kulturansprüche deutlich von Kopfsalaten und Pflücksalaten. Das verwundert nicht, denn er gehört einer anderen Pflanzengruppe, den Zichoriensalaten, an. Für den Anbau im Hausgarten sind Wintersorten wie 'Escariol, grüner' oder 'Bubikopf'. Es gibt außerdem Sorten mit stark gekrausten Blättern wie 'Wallonne' oder stark geschlitzte wie Frisée-Endivien. Man sät ab Mitte Juni bis Juli breitwürfig auf Beete aus, schattiert das Beet bis zur Keimung mit Vlies oder anderen das Licht abhaltenden Materialien und hält feucht. Im August werden die jungen Pflänzchen im Abstand von 30–40 cm flach gepflanzt.

5. Zuckerhut

_ *Aussaat ab Juni bis Juli*

_ *Verpflanzen im August*

_ *Ernte im Spätherbst und Winter*
In Süddeutschland, in der Schweiz und in Österreich ist der Zichoriensalat 'Zuckerhut' beliebt. Er bildet hohe, tatsächlich spitz zulaufende Köpfe aus, die dem Zuckerhut für die Feuerzangenbowle ähneln. Gesät wird breitwürfig auf ein Saatbeet.

Zu eng stehende Sämlinge oder Jungpflanzen auf dem Saatbeet vereinzeln und überzählige Pflänzchen anderswo setzen (oder verschenken). Das Salatgemüse verträgt ein paar Frostgrade (bis etwa $-4\,°C$) und übersteht so die ersten Frühfröste im Spätherbst. Durch Abdecken bei tieferem Frost kann Zuckerhutsalat bis Januar (in nicht allzu kaltem Winter sogar bis zum Frühjahr) draußen stehen bleiben.

6. Radicchio

_ *für den Anbau im Sommer und Herbst*

_ *schöne purpurrote Farbe*

_ *hält sich im Kühlschrank lange*
Radicchio schmeckt durch seinen Inhaltsstoff Intybin leicht bitter. Er wird Mitte Juni bis Juli auf Anzuchtbeete gesät und im August verpflanzt. Im Lauf des Herbstes oder Frühwinters bilden sich feste Köpfchen aus purpurroten, weiß geäderten Blättern. Neue Züchtungen für den Profianbau wie 'Indigo' F_1, die zeitig im Jahr gesät werden und früher erntereif sind, bringen einen guten Ertrag.

1. Schnittsalat

_ *für sehr frühe und späte Aussaaten*
_ *sehr schnell wachsend*
_ *Anbau im Frühbeet, in Kästen und Kübeln*

Schnittsalat wird bereits im März ins Beet zu säen. Noch schneller wächst er im Frühbeet oder in Pflanzgefäßen auf dem Balkon. Im Gartenfachhandel gibt es außerdem Mischungen verschiedener Schnitt-, Pflück- und Zichoriensalate beispielsweise als »Italienische Salatwiese« oder »Miscenza-Salat«, bei denen die Blätter jung als sogenannte »Babyleafs« geerntet werden.

2. Feldsalat, Ackersalat

_ *Aussaat ab August bis September*
_ *bis zum Keimen bedeckt halten*
_ *nussiger, voller Geschmack*

Feldsalat bildet kleine Blattrosetten mit – je nach Sorte – rundlichen, länglichen oder löffelblättrigen Einzelblättern. Er wird üblicherweise im August/September entweder breitwürfig auf Beete oder in Reihen im Abstand von 15 cm gesät. Schossfeste Sorten wie 'Granon', 'Medaillon' oder 'Vit' eignen sich auch für Frühjahrs- und Sommeranbau. Ein Favorit bleibt die alte Standardsorte 'Dunkelgrüner Vollherziger' mit kernig-nussigem Geschmack für die Ernte im Winter und Frühjahr.

schön schnittig!

Salat-Fahrplan fürs ganze Jahr

Wissenswertes Bei den Salaten kommt es sehr auf die Auswahl der richtigen Arten und Sorten und auf das richtige Timing an. Dann ist das ganze Jahr über frisches Blattwerk zum Ernten und Genießen da.

Ernte im Winter Mit Herbst- und Wintersalaten lässt sich die Saison bis in den Winter hinein verlängern. Wer auch im Winter frischen Salat im Garten ernten möchte, sollte vor allem an Endiviensalat und Zuckerhutsalat denken, die etwas Frost (−2 bzw. −4 °C) vertragen. Mit zusätzlicher Vliesabdeckung können die beiden Gemüse bis November oder Dezember auf Beeten im Freien stehen bleiben. Vom frostharten Feldsalat kann man den ganzen Winter über bis ins Frühjahr hinein laufend frische Blattrosetten ernten.

Anbauzeiträume Beim Salatanbau kommt es nicht nur darauf an, die richtige Salatgruppe auszuwählen, sondern auch die passende Sorte für den jeweiligen Anbauzeitraum im Frühjahr, Frühsommer, Sommer, Herbst oder über Winter. Diese Sorteneigenschaft interessiert Freizeitgärtner genauso wie Profianbauer. Frühjahrssorten vom Kopfsalat beispielsweise würden bei Anbau im Sommer keine Köpfe bilden und schnell schießen. Neuere Züchtungen sind oft schossfest und können deshalb auch im Sommer angebaut werden.

Sorten für leichte Ernte Ein neuer Trend geht zu Salaten, die einfach zu ernten sind und wenig Putzaufwand erfordern. Sorten, die mit einem Schnitt geerntet werden, sind die sogenannten »Salanova-Salate«. Gefragt sind auch Sorten, die durch aufgebauschte Blätter füllig wirken.

1. Salatarten und -sorten gezielt für Freiland und Gewächshaus und für den Anbauzeitraum auswählen, für Frühjahr, Frühsommer, Sommer, Herbst und Winter.

2. Sorten mit Resistenzen gegen Falschen Mehltau und Grüne Salatblattlaus wählen (steht auf der Samentüte oder dem Etikett).

3. Bei Salat lässt die Keimfähigkeit schnell nach; Saatgut innerhalb von ein, zwei Jahren säen.

Feinheiten des Salatanbaus

Wissenswertes Salate passen auch in kleine Gärten, gedeihen selbst in Kästen und Töpfen. Kopf-, Schnitt- und Pflücksalate entwickeln sich schnell und sind ideale Lückenfüller. Zichoriengemüse wie Radicchio, Chicorée, Endivie und Zuckerhut brauchen länger. Sie werden erst im Spätherbst und Winter geerntet.

Bei Kopfsalaten und Pflücksalaten gibt es drei Möglichkeiten, die Kultur zu starten:

1. Direkt ins Beet säen
2. Zuerst in Saatgefäße und dann pikieren bzw. auspflanzen
3. Jungpflanzen beim Gärtner kaufen

Salat ernten und lagern

1. Kopf- und Pflücksalat im Sommer und bei Hitze immer morgens ernten, dann bleibt er knackig frisch. Am Abend geernteter Salat wird schnell schlapp und hält nicht lange.

2. Salate, die im Kühlschrank aufbewahrt werden sollen, trocken ernten; dadurch verringert sich die Gefahr, dass sie faulen.

3. Leicht eingeschrumpelter Zuckerhut oder Radicchio wird durch Einlegen in lauwarmes Wasser wieder frisch.

Die dritte Variante ist am besten für die ersten Pflanzungen im Frühbeet oder im Gewächshaus. Für die Kultur im späten Frühjahr und Sommer kann man selbst in Saatkisten oder ins Frühbeet säen (März bis Juli). Kopf- und Pflücksalat immer in Sätzen säen oder pflanzen, nie von einer Sorte zu viel, damit nicht ein ganzes Beet oder eine ganze Reihe auf einmal erntereif ist.

Aussaat in Sätzen Das feine Saatgut möglichst dünn säen, was nicht ganz einfach ist und gut festdrücken. Mit feiner Erde dünn übersieben.

Auspflanzen Bei Kopfsalat gilt die wichtige Regel, ihn hoch zu pflanzen, sodass er im Wind flattert. Sitzt er zu tief, fault er.

Mulchen Salate mögen humusreiche, durchlässige Böden und ausgeglichene Bodenfeuchtigkeit. Das erreicht man durch Auflegen eines Mulchvlieses, das den Boden vor Austrocknen und das flach streichende Wurzelsystem schützt. Organisches Mulchmaterial ist bei Salaten nicht so günstig, weil sie sonst faulen.

Anbau unter Vlies und Folie Früh im März oder April gesäter oder gepflanzter Salat wächst schneller unter einer Abdeckung, die vor kühlen Temperaturen oder vor Frost schützt. Am einfachsten und schnellsten geht es, wenn man Bahnen von Vlies oder Folie gleich nach dem Säen oder Pflanzen übers Beet legt. Vlies und Folie schützen auch vor kühlen Temperaturen im Herbst. Unter der Abdeckung werden die ersten Salate im Freiland etwa ein bis zwei Wochen früher erntereif. Wer viel Salat anbaut, kann die Setzlinge durch einen Folientunnel schützen; wer nur wenige Pflänzchen hat, dem genügen Plastikhütchen oder Tontöpfe, die in kalten Nächten übergestülpt werden.

Mischkultur Salate fügen sich hervorragend in jede Mischkultur ein. Gute Nachbarn sind Radies, Bohnen, Gurken, Buschbohnen, Rote Rüben oder Mangold – entweder in der Reihe gemischt oder in Reihen nebeneinander. Platzsparende Kombinationen sind Pflück- oder Kopfsalat mit Zucchini, Kürbis und Gurken. Die Salate sind geerntet, bevor sich die Fruchtgemüse ausbreiten.

Gießen und düngen Zu viel Stickstoff macht Salat anfällig für Krankheiten und führt unter Umständen (bei Lichtmangel) zur Nitrat-Anreicherung. Zum Düngen nur reifen, sehr gut verrotteten Kompost oder organischen Fertigdünger nehmen. Vorsichtig in den Wurzelraum gießen, für ausgeglichene Feuchtigkeit sorgen.

Salat-Probleme

Schädlinge Zahlreiche Schädlinge setzen dem zarten Blattgemüse zu, allen voran **Schnecken**. Besonders gefährdet sind Kulturen, die an eine Wiese oder an eine Rasenfläche angrenzen. Relativ sicher vor Schneckenfraß ist Salat in Töpfen, Kästen und Containern, im Frühbeet, im Gewächshaus und in Beeten, die von einem Schneckenzaun eingefasst sind. Bewährt hat sich ein Schneckenzaunmodell aus verzinktem Eisenblech, bei dem das Blech nach außen umgebogen ist.

Drahtwürmer, die Larven des Schnellkäfers, machen sich ebenfalls an Salaten zu schaffen. Sie fressen an den Wurzeln der Setzlinge und lassen die Pflanze absterben.

Pilzkrankheiten Falscher Mehltau und Grauschimmel machen Salat am meisten zu schaffen. Falschem Mehltau kann man durch die Wahl resistenter Sorten vorbeugen. Vor Grauschimmel und anderen Pilzkrankheiten schützt hohes Pflanzen. Salatbestände brauchen immer Luft und Licht und müssen gut abtrocknen können, dann hat Fäulnis keine Chance.

Salate aufbewahren

Pflück-, Schnitt- und Kopfsalate muss man innerhalb eines Tages verbrauchen. Sie halten sich im Kühlschrank, in Plastiktüten eingepackt, wenige Tage. Salate mit festen Blättern wie Römischer Salat, Endiviensalat, Zuckerhut und Radicchio sind robuster. Sie bleiben im Kühlschrank eine Woche frisch. Zuckerhut hält sich fest eingewickelt in Zeitungspapier und aufrecht in Eimer gestellt an einem kühlen Ort wochenlang frisch.

Salate, Salate, Salate!

Salate verderben schnell: Sie faulen oder werden schlapp. Man kann sie nicht trocknen und auch nicht einfrieren. Lediglich Dünsten bietet sich als Verwertung für Römischen Salat und Chicorée an. Wenn zu viel Salat herangewachsen ist, bleibt nur, das zarte Blattgrün zum Mulchen im Garten zu verwenden.

Blattsalate – bunt gemischt

_ *passen als Vorspeise*
_ *sind kalorienarm*

Eine Mischung grün- und rotblättriger, glatter und krauser Salate gründlich und mehrmals waschen und Salatblätter in mundgerechte Stücke zerrupfen. Für Fülle sorgen aufgebauschte Blätter der Lollo- und Eichblatt-Salate. Vinaigrette zubereiten aus Aceto balsamico, Olivenöl, etwas Dijon-Senf, Salz, fein gemahlenem Pfeffer, Zitronensaft. Vinaigrette mit kleinem Schneebesen schaumig schlagen. Eventuell mit fein gehackter Zwiebel oder Schalotte und Küchenkräutern wie Dill, Petersilie, Schnittlauch, Liebstöckel würzen. Blattsalate und Vinaigrette am besten getrennt auf den Esstisch stellen. Falls bei einer Mahlzeit Salat übrig bleibt, kann man ihn noch bis zum Folgetag in einer Vorratsdose oder in Folie eingehüllt im Kühlschrank aufbewahren. Angemachter Salat dagegen hält sich nicht und muss weggeworfen werden.

Spinat & Mangold

Hinter dem Begriff »Spinat« verbergen sich verschiedene Gemüsearten. Neben der Pflanzenart Spinat gibt es andere Arten, die ähnlich aussehen und ähnlich verwendet werden. Vor allem sind es wilde Gänsefußgewächse wie Melde oder Guter Heinrich. Auch ältere Kulturgemüse wie Mangold und Erdbeerspinat gehören in diese Pflanzengruppe. Der dekorative und vielseitig zu verwendende Mangold hat es verdient, häufiger angebaut zu werden.

Blätter & Stiele in Hülle & Fülle

1. Blattmangold

_ *für Reihensaaten und Einzelstellung*

_ *bringt hohen Ertrag*

_ *Ernte auch im Winter*

Gartenbesitzer, die Wert auf Ästhetik im Gemüsegarten legen, sollten unbedingt Mangold anpflanzen. Mangold bringt Farbe und Struktur in den Garten. Bei der Sortenmischung 'Bright Lights' sind die Stiele der einzelnen Pflanzen weiß, creme, gelb, orange, hell- oder dunkelrosa gefärbt. Die farbigen Stiele setzen sich als Rippen im dunkelgrünen bis grünroten Blatt fort. 'Rhubarb Chard' hat rote Stiele.

2. Stiel- oder Rippenmangold

_ *bis zu 10 cm breite Blattstiele*

_ *Aussaat von April bis Juli*

_ *Ernte auch im Spätherbst und Winter*

Rippenmangold hat breite Blattstiele und der Anteil des grünen Blattwerks ist kleiner. Bewährte, kräftig wachsende Sorten sind 'Walliser' und 'White Silver'. Die Stiele werden in wenig Wasser gedünstet und als Beilage gereicht. Bei der Ernte werden immer die äußeren Stiele an der Basis abgebrochen. Von der Mitte her wachsen neue nach. So ist über lange Zeit die Ernte möglich.

3. Spinat

_ *schnell wachsend, hoher Ertrag*

_ *für Reihensaaten*

_ *gut zum Einfrieren*

Spinat lässt sich vom Frühjahr bis zum Herbst säen und ernten. Die frostharte, großblättrige Standardsorte 'Matador' eignet sich für Frühjahrs-, Herbst- und Überwinterungsanbau, ebenso 'Napoli' F_1. Im Sommer nur schossfeste Sorten wie 'Emilia F_1' oder 'Lazio F_1' säen. Diese Sorten besitzen auch Resistenzen gegen Rassen des Falschen Mehltaus, eine bei Spinat sehr häufige Pilzkrankheit.

4. Rotstieliger Spinat

_ *schnell wachsend*

_ *für Reihensaaten*

_ *frisch für Blattsalate*

Neben dem üblichen grünblättrigen Spinat gibt es neue, fürs Auge interessante Sorten wie die rotstielige Sorte 'Reddy' (Bild) oder speziellen Salat-Spinat wie 'Sardinia F_1'. Dieser wird sehr dicht gesät und früh geschnitten, solange die Blätter noch klein und zart sind.

Wenn der Spinat schießt

Gemüse mit Waffenschein? Spinat hat die Eigenschaft, sehr schnell in Blüte zu gehen. Die Gärtner sagen dazu »schossen« oder »schießen«. Dies ist eine Reaktion, die mit der Dauer der Lichteinwirkung am Tag zusammenhängt. Eine längere Belichtung an länger werdenden Tagen im späten Frühjahr und Frühsommer regt die Schossneigung an. Besonders ältere Spinatsorten wie 'Matador' schossen schnell. Man sollte sie deshalb nur im Frühjahr und wieder ab dem Spätsommer, frühestens ab Ende August, anbauen. Bei Sommeraussaat würden die Pflänzchen kaum Blattmasse ausbilden, stattdessen schnell in Blüte gehen. Mit diesem Wissen im Hintergrund ist es klar, dass man für die verschiedenen Anbauzeiträume spezielle Sorten wählen sollte.

Mit Spinatblättern mulchen

Wenn zu viel Spinat herangewachsen ist oder nicht verbraucht werden kann, ist das nicht weiter schlimm. Überständigen Spinat, der anfängt zu schießen, hackt man einfach ab und lässt ihn an Ort und Stelle liegen. Die zarten Blätter eignen sich hervorragend als schnell verrottendes Mulchmaterial, das auf die Bodenoberfläche zwischen die Gemüsekulturen gelegt wird – als Futter für Regenwürmer und andere Bodenlebewesen, die das organische Material in Humus umwandeln.

Viel Grünes
in kurzer Zeit

Spinat und Mangold mögen einen sonnigen Standort und tiefgründigen, humosen Boden. Auf sandigen Böden gedeihen die Gemüse ebenfalls, wenn sie gut mit Wasser und Nährstoffen in Form von Kompost oder langsam wirkendem organischem Dünger versorgt werden.

Aussaat von Spinat Säen Sie Spinat direkt ins Beet in Reihen aus (Abstand 20 bis 40 cm), am besten satzweise, damit nicht zu viel Blätter gleichzeitig zum Ernten anfallen.
Wer das ganze Jahr über Spinat essen möchte, kann es mit dem Überwinterungsanbau versuchen. Dazu wird im September oder Oktober gesät und – je nach Wettersituation – im Herbst oder erst nach dem Winter, wenn es wieder wärmer wird., geerntet – einige Wochen früher als bei im Frühjahr gesäterm Spinat.

Aussaat von Mangold Mangold kann man von Ende März bis Juli entweder in Töpfchen vorkultivieren und auspflanzen oder direkt aufs Beet säen. Direktsaat bietet sich bei den Blattstielsorten und Schnittmangold an. Die eigenartigen knäueligen Mangoldsamen sind gut zu handhaben. Man kann sie einzeln in den Boden stupfen, etwa im Abstand von 15 cm. Von Reihe zu Reihe oder zu anderen Gemüsearten einen Abstand von 30–40 cm lassen. Vom Rippenmangold reichen wenige Pflanzen für den Bedarf im Haushalt aus.

Pflege von Spinat und Mangold Die Blattgemüse wachsen problemlos, brauchen außer Hacken kaum Pflege und liefern bei guter Nährstoffversorgung enorme Erträge. Aber bitte keine schnell wirkenden Dünger nehmen, damit es nicht zu Nitratanreicherung im Blattwerk kommt. Mangold ist eine zweijährige Pflanze; sie überwintert und geht im zweiten Jahr in Blüte, sofern ihr nicht Kahlfröste den Garaus machen.

1. Zurückhaltend mit Stickstoff düngen, damit die Blätter nicht zu viel Nitrat aufnehmen.
2. Mangold bringt monatelang hohen Ertrag, bei mildem Wetter auch im Winter.
3. Spinat nicht nur als Gemüse, sondern auch als Gründüngung zur Bodenpflege nutzen.
4. Die Oxalsäure in Spinat und Mangold ist ungesund: Kochwasser wegschütten.

Rote Melde

_ *Blätter jung ernten*

_ *einzelne Pflanzen werden bis 2 m hoch*

_ *roh oder gedünstet essbar*

Die jungen Blättchen der Roten Melde lassen sich roh für Salate und gedünstet für »Spinat« nutzen. Wegen ihrer intensiven Färbung machen sie sich besonders ‚gut als Dekoration auf dem Teller. Gelegentlich findet man bei alternativen Saatgutanbietern noch andere Gartenmelde-Sorten mit gelben, grünen, rosafarbenen oder rot-grün gezeichneten Blättern. Die Rote Melde fällt durch ihre dunkelpurpurne Färbung auf. Ein einzelnes Exemplar kann bis zu 2 m hoch und höher wachsen und bildet weit ausladende Seitentriebe aus. Wenn man die Melde frei wachsen lässt, bedrängt und unterdrückt sie Nachbarpflanzen. Sie ist also nichts für Reihenkulturen im Gemüsegarten, sondern steht besser am Rand oder auf dem Blumenbeet, wo sie eine eindrucksvolle Gestalt abgibt. Das Blattgemüse bildet reichlich Samen aus, die sich überall im Garten verstreuen.

Alte Blattgemüse neu entdeckt

Blattgemüse wie Mangold, Melde und Co. sind wieder „in". Feinschmecker unter den Gärtnern entdecken diese spinatartigen Gemüse neu und gehen in der Küche kreativ damit um. In früheren Zeiten gab es unsere zarten Blattsalate noch nicht. Stattdessen kamen wild wachsende Gänsefußarten auf den Teller. Einige davon könnten durchaus wieder ins Gemüserepertoire aufgenommen werden.

Blattwerk satt für Füllung & Co.

Wissenswertes Spinat ist unentbehrlich für Füllungen, zum Beispiel für Maultaschen oder italienische Teigtaschen, für Lasagne oder kurz gedünstet als Blattspinat. Zubereiteten Spinat sollte man nicht mehr aufwärmen, Mangold nicht roh essen.

Spinat einfrieren

Blätter waschen und in kochendem Wasser ganz kurz blanchieren. Mit einer Schöpfkelle herausnehmen und in kaltem Wasser kühlen. Blätter ganz lassen, klein schneiden oder pürieren. In Gefrierdosen oder Plastikfolien abpacken und einfrieren.

Mangold italienisch

_ *rasch zubereitet*

_ *zu Pasta oder kurz gebratenem Fleisch*

Schnittmangold oder Stielmangold in wenig Wasser kurz dünsten. Heiß angerichtet mit ein paar Spritzern gutem Olivenöl, frisch gemahlenem Pfeffer und leicht gesalzen schmeckt er am besten. Dazu, wie kann's anders sein, Pasta! Die breiten Blattstiele des Rippenmangolds werden üblicherweise wie Spargel oder Schwarzwurzeln gedünstet und mit einer hellen Sauce serviert. Grüne Teile wie Spinat für Füllungen und Lasagne verwenden oder große, kurz blanchierte Mangoldblätter (ohne den Stiel) wie Krautblätter zum Einwickeln von Füllungen verwenden.

1. Blattgemüse an sonnigen Tagen abends ernten, dann ist der Nitratgehalt niedriger.
2. Spinat und Mangold schnell verbrauchen. Nur kurz im Kühlschrank aufbewahren, weil sich das Vitamin C schnell abbaut.
3. Spinat enthält Oxalsäure, die gesundheitlich schädliich sein kann.
4. Bereits zubereiteten Spinat nicht mehr aufwärmen.

Brokkoli & Kohl

Brokkoli ist ein Allroundtalent: Er enthält Vitamine und Mineralstoffe in hoher Konzentration, außerdem Senföle, denen wahre Wunderwirkungen zugesprochen werden. Frisch aus dem Garten ist das grüne oder violette Power-Gemüse am wertvollsten. Unbedingt anpflanzen! Blumenkohl und Kohlrabi besitzen ebenfalls einen hohen gesundheitsfördernden Wert.

1. **Brokkoli**

_ *reich an Vitaminen und Senfölen*
_ *Sprossstiele mitverwenden!*
_ *braucht viel Wasser*

Brokkoli braucht einen nährstoffreichen Boden und viel Feuchtigkeit. Am besten sind Sorten, die nach der Ernte des Hauptsprosses viele Seitentriebe bilden wie 'Belstar' F_1 oder 'Penta' F_1. 'Lucky' F_1 eignet sich für frühen Anbau, bei Vorkultur ab Februar und Ernte ab Mai. 'Marathon' F_1 sieht mit am ehesten wie der Brokkoli aus dem Supermarkt aus.

2. **Violetter Brokkoli**

_ *sehr gesund*
_ *bringt viele Seitensprosse*
_ *violette Farbe durch Anthocyan*

Einen italienischen Vorspeitenteller oder vegetarische Pizza ohne Brokkoli kann man sich heute gar nicht mehr vorstellen. Dabei ist dieses »junge« Gemüse erst vor wenigen Jahrzehnten in unserer Küche angekommen. Abgesehen von den in hoher Konzentration enthaltenen Inhaltsstoffen ist der entscheidende Unterschied zum Blumenkohl, dass bei der Ernte der Hauptkrone der untere Teil des Strunks stehen bleibt; in dessen Blattachseln bilden sich über Monate hinweg kleinere Nebensprosse. Diese Eigenschaft ist beim Sprossen-Brokkoli besonders ausgeprägt, beispielsweise bei der violetten Sorte 'Santee' F_1. Die Seitensprosse können ebenso wie der Hauptspross verwendet werden.

Kopf oder Blume?

3. Blumenkohl

_ *bekömmlich und mild*
_ *anspruchsvolles Feingemüse*
_ *braucht gleichmäßig viel Wasser*

Was die Rose bei den Blumen ist der Blumenkohl bei den Gemüsen: eine Diva! Blumenkohl ist noch anspruchsvoller in der Kultur als Brokkoli. Das Kohlgemüse gedeiht nur gut, wenn es bestens mit Wasser versorgt ist – entweder durch natürliche Niederschläge oder durch Gießen bzw. Beregnung, wie es im Profianbau praktiziert wird. Zum Schutz der weißen Blume vor zu starker Sonneneinstrahlung die Innenblätter umknicken. Speziell gezüchteter frostverträglicher (bis −12 °C) Winterblumenkohl wie 'Burt' F_1 kann im Winter draußen bleiben. Sorten mit violetter Blume wie 'Grafitti' F_1 gibt es vom Blumenkohl auch. Für den Anbau im Hausgarten sind samenfeste Sorten wie 'Erfurter Zwerg' oder 'Neckarperle' zu empfehlen.

4. Romanesco

_ *formschöne grüngelbe Knospen*
_ *Vorkultur, von Mai bis August im Freien*
_ *entwickelt sich gut in feuchtem Klima*

Romanesco sieht mit seinen gelbgrünen, fein aufgebauten Knospen appetitlich aus. – Ein bildschönes Gemüse, das sich auf einem kalten Buffet oder angerichtet auf Vorspeisentellern gut macht. Dafür nur bissweich dünsten und einige Stunden lang in Weißweinessig und Olivenöl marinieren.
Typisch sind Sorten mit pyramidenartigen Röschen wie 'Navona' F_1 oder 'Veronica' F_1. Bei 'Minaret' sind die Röschen etwas flacher. Ganz ähnlich sieht der Mini-Blumenkohl 'Vitaverde' mit grüner Blume aus.

1. Riesen-Kohlrabi

_ *große Knollen, lange Entwicklungsdauer*
_ *bleibt lange zart*
_ *monatelang lagerfähig*

Riesen-Knollen mit zartem, feinem und süßem Geschmack. Sie brauchen lange, bis sie zu der Größe herangewachsen sind. Sie brauchen dazu aber genügend Wasser und Nährstoffe. Damit sie sich gut entwickeln können, im Abstand von 50–60 cm untereinander oder zu den Nachbargemüsen pflanzen. Knollen der Sorten 'Superschmelz' oder 'Kossak' F_1 können mehrere Kilogramm auf die Waage bringen.

2 Normaler Kohlrabi

_ *für frühe Saat und Pflanzung*
_ *entwickelt sich rasch, verträgt Kälte*
_ *Feuchtigkeit schützt vor Platzern*

Kohlrabi kann schon sehr früh im Freien gesät oder gepflanzt werden. Sorgen Sie während der Knollenentwicklung für ausreichend und gleichmäßig viel Feuchtigkeit, dann besteht auch nicht die Gefahr, dass die Knollen pelzig werden oder platzen. Für sehr frühen Anbau unter Folie, in Frühbeet und Gewächshaus nimmt man am besten die blaue Sorte 'Azur Star'.
Für den Anbau im Sommer und Herbst eignen sich außerdem schossfeste Sorten wie die blaue 'Blaro' oder die plattrunde 'Delikatess' in Weiß oder Blau. Eine sichere Ernte versprechen die platzfesten und anspruchslosen Profisorten 'Korist' F_1 (weiß) und 'Kolibri' F_1 (blau).

grün & blau

Wasser ist das A & O

Soll man sie säen oder pflanzen? Das ist bei den hier vorgestellten Kohlgemüsen die Frage. Am einfachsten ist es, wenn man im Frühjahr die Jungpflanzen beim Gärtner kauft. Für spätere Pflanztermine oder bei Sortenraritäten, von denen man keine Jungpflanzen bekommt, bleibt nichts anderes übrig, als selbst vorzuziehen.

Aussaat von Brokkoli und Blumenkohl

Jeweils ab März nur wenige Pflanzen (»in Sätzen«) im Abstand von zwei bis drei Wochen säen oder pflanzen (Pflanzabstand 40x40 cm). Späte Aussaaten im Juni oder Juli zur Ernte im Herbst.

Aussaat von Kohlrabi Die ersten beim Gärtner gekauften Kohlrabipflänzchen kann man bereits ab Mitte März ins Frühbeet oder unter Vlies bzw. Folie ins Freiland pflanzen. Wer Jungpflanzen selbst heranziehen möchte, sät ab April bis Mitte Juli auf ein Saatbeet im Freien oder im Frühbeet und verpflanzt später die Setzlinge im Abstand von etwa 25 cm.

Pflege Kohlgemüse brauchen allesamt einen tiefgründigen, nährstoffreichen Boden, der das Wasser gut hält. Eine Mulchschicht ist bei allen drei Gemüsekulturen sinnvoll und nötig, um das Wasser im Boden zu halten. Eine gute und gleichmäßige Wasserversorgung ist das A & O bei dieser Gemüsekultur.

Probleme Kohlgemüse sind gefundenes Fressen für Schadschmetterlinge, Kohlfliege, Mehlige Kohlblattlaus und Weiße Fliege. Kohlweißlingsraupen fressen Blätter bis auf das Gerippe ab. Kohleulenraupen dringen in die Blume von Brokkoli und Blumenkohl ein oder sitzen zwischen den Röschen – ziemlich eklig, wenn man die auf den Teller bekommt. Durch Auflegen eines Kulturschutznetzes, das an den Rändern dicht aufliegen muss, hält man die Schädlinge vom Zuflug ab.

1. Anbau auf humosem, nährstoffreichem Boden.
2. Setzlinge tief pflanzen und später anhäufeln, das verbessert die Standfestigkeit.
3. Mittels Kulturschutznetzen vor Zuflug von Mehliger Kohlblattlaus, Kohlweißling und anderen Schadschmetterlingen schützen.
4. Für gleichmäßige Feuchtigkeit im Boden sorgen, bei Trockenheit durchdringend gießen.

Frisch am besten

Brokkoli muss geerntet werden, bevor er schießt – und bevor sich die Knospen gelb färben. Er kann im Herbst lange draußen bleiben, da er Frost bis etwa −5 °C verträgt. Bis in den Spätherbst hinein bilden sich laufend noch neue Röschen in den Blattachseln, die nach und nach geerntet werden können. Diese schmecken besonders fein und sind zu der Jahreszeit in der Küche höchst willkommen. Brokkoli lässt sich ganz verwerten, man braucht ihn nicht zu schälen, allenfalls vom Strunk die gröberen Teile entfernen. Auch die zarten Blättern mit dünsten. Geernteter Brokkoli hält sich in Plastikfolie eingehüllt ein paar Tage lang, die grünen Knospen werden jedoch schnell gelb und schmecken dann bitter.

Blumenkohl rasch ernten, sobald sich die Blume gebildet hat. Grobe Außenblätter entfernen. Das Gemüse hält sich geerntet und in Plastikfolie eingehüllt ein paar Tage im Kühlschrank. Zarte Blätter mitverwenden.

Kohlrabi Im Sommer nicht zu lang auf dem Beet stehen lassen, da die Knollen bei Trockenheit holzig werden. Im Herbst kann er dagegen lange draußen bleiben, zumal er ein paar Frostgrade verträgt. Durch Abdecken mit Vlies lässt sich die Erntezeit bis in den Winter verlängern. Beim Ernten den Strunk direkt an der Knolle abschneiden, Blätter entfernen (mit Blättern nur wenige Wochen lang haltbar). Kohlrabi möglichst frisch verbrauchen, dazu die harte Außenhaut abschälen – in Streifen geschnitten zum Dippen oder Knabbern zwischendurch oder kurz gedünstet als Gemüse.

5 Tipps zur Pflege

1. Beim Brokkoli die Hauptblume abschneiden, den Strunk stehenlassen. Aus den Achseln treiben kleinere Röschen nach, die man dann ernten kann.
2. Brokkoli und Blumenkohl halten nicht lange im Lager.
3. Die beste Konservierungsmethode ist das Einfrieren.
4. Kohlrabi im Sommer früh ernten, bevor die Knollen holzig werden.
5. Kohlrabi aus Herbsternte, auch Riesen-Kohlrabi, hält sich bei kühler Lagerung und hoher Luftfeuchtigkeit monatelang.

Zum Gratinieren und Marinieren

Wissenswertes Kohlgemüse haben einen hohen Gehalt an Vitaminen, Mineralstoffen und sekundären Inhaltsstoffen wie Senfölen. Sie können roh, bissweich gedünstet, überbacken, mariniert, eingefroren, milchsauer vergoren oder süß-sauer eingelegt werden. Zarte Blätter wie Wirsing dünsten.

Einfrieren

Die Röschen von Blumenkohl oder Brokkoli zerteilen und 2 bis 4 Minuten lang blanchieren (bei Blumenkohl dem Kochwasser einen Schuss Essig hinzufügen), rasch in kaltem Wasser abkühlen und portionsweise in Gefrierdosen oder -beutel abfüllen. Kann gefroren oder aufgetaut für Suppen oder Aufläufe verwendet werden. Jungen, zarten Kohlrabi kann man auch roh einfrieren.

Überbacken

Blumenkohl (oder Kohlrabi) knapp bissweich dünsten. In gefettete Auflaufform legen, sodass die Röschen nach oben zeigen. Geriebenen Käse und/oder Gorgonzolastückchen gleichmäßig drüberstreuen und im Backofen ca. 10 bis 15 Minuten überbacken, bis der Käse zerlaufen ist und eine Kruste gebildet hat. Dazu gehackte Walnüsse oder Haselnüsse. Einfach zuzubereiten und sehr schmackhaft!

Möhren & Pastinaken

Die Möhre oder Gelbe Rübe, wie das Wurzelgemüse in Süddeutschland heißt, bildet die Grundlage der Gemüseküche. Möhren sollten zum Kochen immer zur Hand sein, am besten selbst angebaute. Ohne sie geht es in der modernen, gesunden Ernährung nicht! Probieren Sie doch auch mal Sorten mit anderen Farben als Orange aus – Sie werden überrascht sein, wie bunt Möhren sein können.

Gourmetköche haben die lange als Armeleutegemüse verpönte Pastinake und Wurzelpetersilie wiederentdeckt. Diese beiden gesunden und schmackhaften »alten« Gemüse haben es verdient, wieder in die Alltagsküche Eingang zu finden.

rot, weiß, schwarz oder gelb

1. Farbige Möhren

_ interessante Färbung der Rüben
_ für die kreative Küche
_ Anbau auf Beeten

Farbige Möhren erinnern an Jahrhunderte zurückliegende Zeiten, als es die heute übliche orangerote Möhre noch nicht gab. Sorten: 'Harlekin Mischung' F_1 – Mischung aus orangefarbenen, gelben, roten, violetten und cremeweißen Möhren; 'Crème de Lite' – cremeweiß, glattschalig, 18–20 cm lang; 'Mello Yellowstone' F_1 – gelb.

2. Dunkle Möhren

_ süßer Geschmack
_ hoher Anthocyangehalt
_ roh verwenden, da Anthocyane abfärben

Wurzeln der Sorte 'Purple Haze' F_1 halten beim Aufschneiden eine Überraschung bereit. Äußerlich sehen die Wurzeln mit ihrem erdig-dunklen Violettblau eher unscheinbar aus. Aber innen sind sie richtig bunt! Beim Zubereiten in der Küche sollte man wissen, dass die Anthocyane in den Rüben Kochwasser und anderes Gemüse dunkelviolett färben.

3. Normale Möhren

_ hoher Karotingehalt
_ sehr vielseitig zu verarbeiten
_ Frühsorten und Lagersorten

Frühe 'Nantaise'-Möhren mit einer Entwicklungsdauer von 90 bis 110 Tagen sind nicht lagerfähig. Lagermöhren, die bis zur Erntereife 140 bis 160 Tage benötigen, bilden je nach Sorte bis 30 cm lange Rüben aus. Bekannte Sorten sind 'Bolero' F_1, 'Lange Rote stumpfe ohne Herz' 'Juwarot', 'Neptun' F_1, 'Rote Riesen', 'Rothild' oder 'Rotin'. Sorten wie die dunkelorangefarbene 'Nutri-red' haben einen hohen Lykopin- und Karotingehalt.

4. Naschmöhren, Karotten

_ formschön, für Mischgemüse
_ frühe Aussaat, frühe Ernte
_ zum Knabbern zwischendurch

In der Möhrenzüchtung tut sich etwas! Süß schmeckende Möhren zum Knabbern zwischendurch (als Snack) oder solche mit kurzen, stumpfen Rüben für die Kultur in Balkonkästen. Ein Klassiker ist die frühe, runde Karottensorte 'Pariser Markt'. Weitere Sorten: 'Adelaide' F_1 – früh, kurze Rüben; 'Caracas' F_1 – kurz; 'Ochsenherz' – kurz, stumpf, Lagersorte; 'Oxhella' – 12–16 cm lang; 'Sugarsnax 54' – lange, dünne Rüben, sehr süß.

1. **Wurzelpetersilie**

_ *Wurzelgemüse und Würzkraut in einem*

_ *sehr würzig, spart Salz*

_ *kann auf dem Beet überwintern*

Wurzelpetersilie oder Petersilienwurzel wird wie Möhre und Pastinake kultiviert, die Aussaat erfolgt im April oder Mai direkt ins Beet und die Ernte im Spätherbst und Winter. Im Saatguthandel ist meistens die Sorte 'Halblange' (oder 'Eagle') erhältlich. Die Pflanzen bilden Blattschöpfe aus petersilienartigen Blättern, die dem Boden anliegen. Eine Wurzel verleiht Gemüsegerichten und Suppen so viel Geschmack, dass man kaum noch salzen und pfeffern muss. Das Laub lässt sich wie Blattpetersilie zum Würzen verwenden.

2. **Pastinake**

_ *robust, wüchsig*

_ *kann im Garten überwintern*

_ *Suppengemüse*

Pastinaken- und Petersilienwurzeln ähneln sich in Form und Farbe. Beide sind außen und innen cremefarben. Pastinaken sind jedoch mit bis zu 40 cm Länge viel größer und schwerer, schmecken leicht süßlich und nicht ganz so fein wie Petersilienwurzeln. Die Pastinake bildet nach dem Überwintern im zweiten Jahr Blütenstängel mit gelblichen Doldenblütchen. Meist wird nur die Sorte 'Halblange Weiße' angeboten, Sorten aus England und Neuzüchtungen wie 'Javelin' F_1 kommen nach und nach in den Handel.

wurzelweiß

Von der Wildform zur Kulturfom

Wissenswertes Bis heute konnte nicht geklärt werden, woher unsere heute bekannte orangefarbene Möhre eigentlich stammt. Anthocyanreiche asiatische Formen könnten in den Mittelmeerraum gelangt sein, wo gelbe Mutationen entstanden.

Pflanzenhistoriker gehen davon aus, dass die heutigen orangefarbenen Möhren ihren Ursprung in Holland haben. Die einheimische Wilde Möhre dürfte bei der komplizierten Entwicklungsgeschichte dagegen keine Rolle gespielt haben.

Möhre Die heutigen Zuchtformen unterscheiden sich – neben der Färbung – hauptsächlich in Rübenform und -länge. Die Gärtner kultivieren zylindrisch stumpfe 'Nantaise-Typen', sehr lange, schmale, abgestumpfte bis spitz zulaufende Wurzel-Typen oder runde, kugelige wie 'Pariser Markt'. Derzeitige Züchtungsziele sind süße, karotinreiche und intensiv gefärbte Möhren. Oder solche mit kurzen Rübchen, die sich auch im Balkonkasten kultivieren lassen.

Pastinake Interessanterweise haben Möhre und Kartoffel die früher sehr verbreitete, nahrhafte Pastinake vom Speisezettel fast verdrängt. Der wilden Pastinake begegnet man häufig auf trockenen, eher mageren Wiesen, an Wegrändern und sonnigen Böschungen.

3 Schritte zum Erfolg

1. Möhren nach Erntezeitraum auswählen: frühe Sorten zum Sofortverbrauchen, mittelfrühe und späte Sorten zum Lagern

2. Möhrensorten nach Form und Farbe auswählen

3. Neue Züchtungen mit kurzen Rüben für Balkonkästen

Aussaat

_ *Samen gut festklopfen*

_ *Radieschen als Markiersaat nehmen: Sie keimen schneller und man weiß, wo was gesät ist.*

_ *zu dicht aufgelaufene Sämlinge auf 2–4 cm Abstand ausdünnen*

Ab März bis Mitte Juli, je nach Sorte. Die feinen Möhrensamen möglichst dünn etwa 2 cm tief in gerade verlaufende Saatrillen (Saatschnur spannen!) ablegen. Als schnell keimende Markiersaat Radieschen mit in die Reihen stupfen. Damit sich die Möhren gut entwickeln können, einen Reihenabstand von 30–40 cm wählen. Die Samen mit dem Rechen-(Harken-)rücken in den Rillen festklopfen. Mit feiner Erde zuziehen.

Pflege

_ *Anbau auf lockerem, durchlässigem, tiefgründigem Boden*

_ *nur mit reifem Kompost düngen*

_ *Kulturschutznetze kontra Möhrenfliege*

Nach dem Auflaufen möglichst bald hacken, um den Boden zu lockern und Wildkräuter zu entfernen. Zu dicht stehende Sämlinge ausdünnen. Wenn man nicht ausdünnt, bekommt man nur dünne, kurze Möhrchen.

Mischkultur Biogärtner erhoffen sich von der Mischkultur mit Lauchgewächsen wie Zwiebeln, Porree/Lauch oder Knoblauch, dass diese durch Duftausscheidungen die schädlichen Möhrenfliegen vertreiben. Wirkungsvoller ist das Abdecken mit einem Kulturschutznetz und luftige Lage der Beete.

Vom Frühjahr bis zum Winter

Wissenswertes Möhren, Pastinaken und Wurzelpetersilie haben viele Gemeinsamkeiten: gleiche Handhabung beim Anbau, lange Kulturdauer, späte Ernte. Das Warten wird belohnt mit gesundem, wohlschmeckendem Wurzelgemüse.

Ernten & lagern

Lagermöhren sollten möglichst lange in der Erde bleiben. Sie legen im Spätherbst noch kräftig zu. Zur Ernte einen trockenen Tag wählen. Seitlich der Möhrenreihen mit der Grabegabel senkrecht einstechen und durch Vor- und Zurückbewegen der Gabel die tief reichenden Möhrenwurzeln lockern. Das gelingt am besten, wenn der Boden feucht, aber nicht nass und auch nicht ausgetrocknet ist. Einige Stunden nach dem Lockern die Möhren herausziehen. Währenddessen baut sich noch Nitrat ab. Laub abdrehen oder ein paar Zentimeter über dem Rübenansatz abschneiden. Der Rübenkörper darf dabei nicht verletzt werden. Es schadet nichts, wenn Erde an den Möhren haften bleibt.

Frühe Möhrensorten bald verbrauchen oder blanchieren und einfrieren.
Spät geerntete Lagermöhren halten sich in einem kühlen Keller mit hoher Luftfeuchtigkeit monatelang. Früher hat man Möhren in Kisten mit feuchtem Sand eingeschlagen. Einfacher geht es, wenn man sie in große Plastikeimer schichtet und diese locker abgedeckt in einen kühlen Keller mit möglichst hoher Luftfeuchtigkeit stellt. Solange kein tiefer Frost herrscht, auch in einen Schuppen. Vorsicht Mäuse! Im Kühlschrank halten sich Möhren ein paar Wochen lang.

Pastinaken lagern Pastinaken schrumpeln in trockener Luft schnell. Am besten ist es, wenn die frostharten Wurzeln bis zum Verbrauchen an Ort und Stelle auf dem Gartenbeet im Boden bleiben. Die Gemüsereihen zum Schutz vor tiefem Frost mit Vlies abdecken. Schnee und Frost schaden Pastinaken nicht, aber Mäuse!

1. Beim Säen Saatgut gut festdrücken.
2. Zu dicht aufgelaufene Sämlinge ausdünnen.
3. Wurzeln der Lagermöhren möglichst lange im Boden lassen.
4. Wurzeln mit der Grabegabel zunächst lockern und später herausziehen..

Probleme

Möhrenfliege Möhren werden häufig von der Möhrenfliege befallen. Um genau zu sein, sind es die Larven der Fliege, die im Möhrenkörper fressen. Stark befallene Möhren sind von dunklen Madengängen durchzogen, sodass man sie kaum noch verwerten kann, auf jeden Fall aber einen großen Putzaufwand hat.

Andere Möglichkeiten, diesem Problem zu begegnen sind die Auswahl resistenter Möhrensorten wie 'Flyaway' oder das Abdecken mit Kulturschutznetzen. Erfahrene Möhrenanbauer wissen, dass Möhren am besten geschützt sind, wenn sie an einem luftigen Ort angebaut werden.

Möhrenfliegen mögen zugige Orte nicht und suchen andere Plätze zur Eiablage. Auf sandigen, tiefgründigen Böden entwickeln sich Möhren am besten.

Beinige Möhren Auf steinigen, klumpigen Böden können die Möhrenwurzeln oft nicht richtig in den Boden eindringen; sie umwachsen das Hindernis, indem sie mehrere Wurzeln ausbilden; sie werden »beinig«.

Platzer Wenn nach längerer Trockenheit viel Regen fällt, neigen die Rübenkörper zum Platzen. Solche geplatzten Möhren ernten und schnell verwerten.

Lagerkrankheiten Bei zu feuchter und warmer Lagerung breitet sich manchmal die Schwarzfäule, eine Pilzkrankheit, aus. Die schwarzen Flecken reichen tief in den Rübenkörper hinein. Befallene Möhren entfernen und vernichten, sie schmecken nicht und sind nicht zum Verzehr geeignet.

5 Fakten zum Lagern und Pflegen

1. Möhren kühl und bei hoher Luftfeuchtigkeit lagern.
2. Bei Möhren das Laub abdrehen. Dann schrumpeln sie nicht so schnell.
3. Möhren, Pastinaken und Wurzelpetersilie halten sich gut in einer Erdmiete.
4. Pastinaken an Ort und Stelle im Boden lassen.
5. Kontrollieren Sie die Möhren im Lager regelmäßig. Faulige sofort entfernen, damit die übrigen nicht infiziert werden.

Zum Reiben, Raspeln & Raffeln

Wissenswertes Gesundheitsbewusste Menschen schätzen Möhren besonders wegen ihres hohen Karotingehalts. Es gibt kaum ein anderes Gemüse, das so vielseitig zuzubereiten ist wie die Möhre.

In Stifte geschnitten zum Knabbern zwischendurch oder zum Dippen, für rohe und gekochte Salate, zum Dünsten, für Füllungen, für Püree, für Eintöpfe, zum Entsaften, für süße und salzige Kuchen … Die geschmackvolle Pastinake wird so wie die Möhre roh oder gedünstet zubereitet.

Möhren-Pastinaken-Salat

_ *schnell zubereitet*

_ *gesund*

Möhren und Pastinaken putzen und bürsten. Auf einer Gemüseraffel direkt in eine große Schüssel reiben. Die Menge richtet sich danach, wie viel Gemüse vorhanden ist und wie viel gegessen wird. Würzen mit wenig Salz und Pfeffer, Weinessig und Sonnenblumenöl. Fein geschnittenen frischen Ingwer (ersatzweise Ingwerpulver) und fein gehackte Haselnüsse untermengen. Salat vor dem Servieren kurz ziehen lassen und nochmals durchmengen.

Rettich & Radieschen

Eigenwillig sind sie, diese Wurzeln: scharfer Rettich, knackige Radieschen, milde Mairübchen und erdige Rote Bete. Alle haben einen ausgeprägten Geschmack und besondere Zubereitungsmöglichkeiten. Radieschen kennen und mögen alle. Die anderen Wurzelgemüse sind eher regional verbreitet. Rettiche schätzen vor allem die Süddeutschen zum Vespern, zu Brezel und Bier. Mairübchen kennt man im Rheinland. Und die Rote Bete, die nehmen Osteuropäer als Zutat zum Borschtsch. Doch probieren Sie auch andere Rezepte, Sie werden schon auf den Geschmack kommen. Versprochen.

scharf, knackig & gesund

1. Weißer Hybrid-Rettich

_ *bis zu 40 cm lange Rüben*

_ *milder Geschmack*

_ *Aussaat ab April*

_ *schossfest*

Diesen Rettich-Typ japanischen Ursprungs kennt man aus dem Supermarkt – bis zu 40 cm lange, walzenförmige Rüben mit glatter Haut. Es liegt auf der Hand, dass er einen sehr tiefgründigen, durchlässigen und nährstoffreichen Boden braucht, um eine solche Länge zu erreichen. Für den Hausgarten Sorten wählen, die nicht ganz so lang werden und die zudem schossfest sind. Probieren Sie es mit neueren halblangen Sorten wie 'Neptun' F_1 (25–30 cm lang) oder 'Sepp' F_1. Beide werden kaum pelzig und holzig.

2. Roter oder weißer Rettich

_ *scharf und gesund durch Senföle*

_ *zum roh essen*

_ *für Beetkultur*

_ *gedeiht auch in kühlem Klima*

Für jede Jahreszeit die richtige Sorte: Die Saison beginnt im Frühbeet und Kleingewächshaus mit frühen, halblangen Sorten wie 'Ostergruß rosa 2', 'White Dream' oder der sehr raschwüchsigen 'Rex'. Zum Sommer hin folgt 'Münchner Bier' (Aussaat ab Mai bis Mitte August). Die Rettiche nicht zu lange auf dem Beet stehen lassen, sonst werden die Rüben holzig und pelzig und gehen in Blüte. Den Abschluss bilden die lagerfähigen Herbst- und Winterrettiche, zum Beispiel 'Runder schwarzer Winter', die im Juni/Juli gesät werden und bis zur Ernte im Spätherbst auf dem Beet stehen bleiben.

3. Radieschen

_ *wachsen sehr schnell – Lückenfüller!*

_ *spezielle schossfeste Sommersorten*

_ *Sorten in Weiß, Rot, Violett, Gelb*

Mit Radieschen kann man die gesamte Anbausaison von März bis Oktober sehr gut ausnutzen. Noch besser, wenn ein Frühbeet oder ein Kleingewächshaus zur Verfügung steht. Das bedeutet, dass von April bis November immer knackig-frische Radieschen zu ernten sind. Radieschen brauchen von der Aussaat bis zur Ernte nur wenige Wochen und sind deshalb ideale Lückenfüller. Ihres kompakten Wuchses wegen gedeihen sie auch in nicht allzu tiefen Kästen auf dem Balkon. Ernten Sie Radieschen jung und essen Sie das angenehm scharf schmeckende Laub mit. Radieschen sind nicht immer rund und rot.

Gute Sorten: Rettichartig spitz ist die weiße 'Eiszapfen'; rot-weiß gefärbt und walzenförmig sind 'French Breakfast' und 'Bamba'. Es gibt auch violette, gelbe und weiße Sorten, bezeichnenderweise als 'Ostereiermischung' im Handel. Doch damit der Vielfalt noch nicht genug. Bei Radieschen kommt es wie beim Salat auf die richtige Auswahl entsprechend dem Anbauzeitraum an. Frühjahrssorten wie die kirschrote 'Cherry Belle' oder 'Lucia' F_1 schiessen bei Anbau im Sommer, Sommersorten wie 'Celesta', 'Parat', 'Raxe', 'Rudi' sind dagegen schossfest und können während der ganzen Saison gesät werden.

1. Mairübchen

_ *kohlrabiartiger Geschmack*

_ *für Beetkultur und in Balkonkästen*

Mairübchen sind bereits vier bis fünf Wochen nach der Aussaat erntereif – bei Aussaat im März/April also bereits im Mai. Die weißen oder rotköpfigen Rüben sehen aus wie Radieschen im Großformat mit essbarem Laub. Aussaaten schossfester Sorten wie 'Plessis' F_1, 'Natsu Komanchi' F_1 oder 'White Ball' sind vom Frühjahr bis September/Oktober möglich. Bei Frühjahrssorten Aussaat im September/Oktober als Herbstrüben. Mairübchen werden roh, gedünstet oder glaciert zubereitet. 'Teltower Rübchen' aus dem Berliner Umland gelten als Delikatesse. Hübsch sind farbige Sorten wie die rotköpfige 'Primera' oder die gelbe Herbstrübe 'Golden Ball'.

2. Rote Bete

_ *monatelang lagerfähig*

_ *färbt stark*

Bekannt sind runde Sorten wie 'Detroit 2/ Bolivar', 'Moulin Rouge' oder 'Rote Kugel'. Bei 'Babybeat' erntet man die Rüben jung mit 2–4 cm Durchmesser. Solche »Babybeats« bekommt man auch beim Ausdünnen zu dicht stehender Bestände. Die langen zylindrisch geformten Rüben der Sorte 'Forono' lassen sich gut in Scheiben schneiden. Raritäten mit anderen Farben gibt es bei diesem Gemüse ebenfalls: die gelbfleischige 'Burpees Golden' oder 'Chioggia' mit weißen Ringen.

mild & süß

Kühl und feucht soll es sein!

Wissenswertes Radieschen, Rettiche und Mairüben sind Kreuzblütler und mit Kohl und Brokkoli verwandt. Rote Bete ist dagegen ein Gänsefußgewächs und mit Mangold und Spinat verwandt. In Süddeutschland kennt man das Gemüse als Rote Rübe, und die Schweizer sagen Randen dazu.

Schossfestigkeit Ältere Sorten von Rettich, Radieschen und Mairüben reagieren stark auf die Tageslänge; sie bilden ihre Rüben (beim Rettich) bzw. Knollen (Radieschen und Mairübchen) an kurzen Tagen im Frühjahr und dann wieder im Spätsommer und Herbst aus. Bei Aussaat im Sommer an langen Tagen überspringen sie diese Rübenbildungsphase und fangen bald zu blühen an. Bei den Gemüsen, von denen man ja gerade Rüben und Knollen ernten möchte, ist diese Eigenschaft nicht erwünscht. Neuere Sorten-Züchtungen sind dagegen schossfest, das heißt sie gehen erst spät in Blüte. Solche schossfeste Sorten von Rettich und Radies kann man deshalb auch im Sommer säen und normal ausgebildete Rüben bzw. Knollen zu ernten. Die Neigung zum Schossen besteht auch bei Kälteeinwirkung im Frühjahr, vor allem bei Rettich und Roter Bete, aber auch bei der Küchenzwiebel. Deshalb sollte man im Hausgarten diese Gemüse nicht zu früh säen bzw. stecken, im Zweifel lieber noch etwas warten.

Reaktion auf Trockenheit Alle in diesem Kapitel beschriebenen Gemüse brauchen ausgeglichen viel Feuchtigkeit. Man muss sie bei Trockenheit gießen. Dies ist vor allem bei der Kultur in Kästen und Töpfen wichtig. Rettich und Radies werden bei Trockenheit im Sommer unangenehm scharf und ihr Inneres bekommt eine pelzige Konsistenz.

5 Fakten zur Pflege

1. Für Anbau im Sommer schossfeste Sorten wählen.
2. Beim Rettich zwischen milden Hybridsorten und scharfen Sorten mit hohem Senfölgehalt wählen.
3. Von Radieschen platzfeste Sorten nehmen, die nicht so stark auf wechselnde Feuchtigkeit reagieren.
4. Bei Rote Bete stehen runde und walzenförmige Rüben, auch bunte Sorten, zur Wahl.

Radieschen – von der Aussaat bis zur Ernte

1. *Kultur in Frühbeet und Freiland, auch im Balkonkasten.*

2. *Ab Ende Februar bis September in Sätzen säen*

Für früheste Saaten im Frühbeet ab Ende Februar oder Anfang März bis Anfang September. Sobald der Boden betreten werden kann, auch ins Freiland säen und mit Vlies oder Folie zum Schutz vor Kälte abdecken. Damit es nicht zu einer Ernteschwemme kommt, sollten Sie Radies immer in Sätzen säen, also etwa alle zwei Wochen eine kurze Reihe (Abstand in der Reihe 2–3 cm, von Reihe zu Reihe 10–15 cm). Wichtig ist ein gutes Saatbeet mit feinkrümeligem Boden. Die Samen gut festklopfen, sie müssen guten »Bodenschluss« haben.

Pflege Radieschen entlang der Reihen durchhacken, um den Boden zu lockern und Wildkräuter zu regulieren. Bei zu dichtem Stand vereinzeln.

Gießen Radieschen brauchen gleichmäßig viel Feuchtigkeit. Bei Wechsel von Trockenheit und Feuchte platzen Radieschen auf. Deshalb den Boden nie austrocknen lassen. Bei Trockenheit werden Radieschen zudem pelzig.

Probleme Der wichtigste Schädling an Radieschen ist der Kohlerdfloh, der Löcher in Blätter frisst. Er tritt besonders bei Trockenheit auf. Regelmäßiges Gießen hilft dann schon viel.

Schutz vor unschönen Platzern

Wissenswertes Regen ist bei der Kultur von Rettich und Radieschen erwünscht. Er muss nur zum richtigen Zeitpunkt kommen und sich sanft über die Gemüse ergießen.

Rettich Ab April in Sätzen aussäen (Abstand in der Reihe 6 bis 8 cm, Reihenabstand 25 bis 40 cm). Rettich braucht in der Phase nach der Aussaat Temperaturen von über 12 °C. Rettich öfter entlang der Reihen durchhacken, vor allem nach Regengüssen. Bei zu dichtem Stand vereinzeln. Rettich braucht für gutes Wachstum gleichmäßige Feuchtigkeit. Bei Wechsel von Trockenheit und Feuchte platzen Rettiche auf. Deshalb nie austrocknen lassen. Bei Trockenheit werden sie pelzig, holzig und ungenießbar.

Probleme Der wichtigste Schädling ist die Kohlfliege. Die lässt sich durch Auflegen eines Kulturschutznetzes abhalten. Wenn Rettiche (und Radieschen) innen schwarz sind, handelt es sich um die Fruchtfolgekrankheit Rettichschwärze. Bauen Sie mehrere Jahre lang keine Rettiche mehr an dieser Stelle an.

Rote Bete Ab etwa Mitte April (je nach Klimalage und Witterung) bis Mitte Juli säen (Abstand in der Reihe 5–15 cm, Reihenabstand 25–40 cm). Bei Rote Bete erscheinen immer mehrere Keimlinge nebeneinander, weil mehrere Samen in dem knäueligen Saatgut stecken. Keimlinge und Jungpflanzen stehen also immer zu dicht, es sei denn man sät einkeimiges (genetisch monogermes) Saatgut, das es von der Sorte 'Moulin Rouge' gibt. Damit die Knollen gleichmäßig wachsen, sollte ausgedünnt werden. Man kann auch während des Sommers zu dicht stehende kleine Rote Bete herausziehen und diese als »Babybeats« in der Küche verbrauchen, sodass sich die verbleibenden Rüben besser entwickeln können. Bei Trockenheit von Juli bis September gießen, vor allem auf leichten Böden.

1. Schossfeste Sorten für den Anbau im Sommer auswählen.
2. Alle Wurzelgemüse gleichmäßig feucht halten, um Platzer zu vermeiden.
3. Fruchtfolge einhalten, um Rettichschwärze vorzubeugen.
4. Bestände ausdünnen, um große Rüben zu bekommen..

Ernten & lagern

Rettich Rettich verträgt ein paar Minusgrade und kann deshalb im Herbst lange auf dem Beet stehen bleiben. Zur Ernte trockenes Wetter abwarten. Winterrettiche halten sich kühl und bei hoher Luftfeuchtigkeit bis zum Frühjahr.

Radieschen Nicht zu lange auf dem Beet lassen, da sie schnell pelzig und holzig werden und schießen. Radieschen mit Blättern halten sich nur ein bis zwei Tage, Radieschen ohne Blätter in Plastikfolie eingehüllt etwa eine Woche. Radieschenblätter sind essbar und geben grünen Salaten eine angenehme Schärfe.

Rote Bete Junge Babybeats vom Ausdünnen frisch verwenden. Rote Bete für den Wintervorrat bis September/Oktober auf dem Beet stehen lassen, vor dem ersten Frost bei trockenerm Wetter ernten. Erdreste an den Rüben lassen. Kühl und feucht lagern, im Sandbett oder in abgedeckten Kisten oder Eimern. Sie halten sich bis zum Frühjahr, schrumpeln aber immer mehr ein und schmecken roh nicht mehr.

Rettich & Radieschen lagern

1. Radieschen und im Sommer geerntete Rettiche schnell verbrauchen. Für kurzzeitige Lagerung Blätter abdrehen.
2. Winterrettiche ohne Blätter lassen sich bis zum Frühjahr lagern.
3. Blattschöpfe bei Roter Bete zum Lagern nicht zu knapp abschneiden.
4. Wurzelgemüse kühl und bei hoher Luftfeuchtigkeit lagern.

Knackiges für zwischendurch

Fantasie ist angesagt: Rettich und Radieschen schmecken roh als Snack zwischendurch und sind eine essbare Dekoration auf kalten Platten. Rote Bete mit ihrem erdigen Geschmack verlangt raffinierte Zubereitung. Probieren Sie sie roh geraffelt, mit geriebenem Apfel und saurer Sahne.

Rote-Beete-Salat

_ *aus gekochten Roten Beten*

_ *hält sich einige Tage im Kühlschrank*

Ganze und ungeschälte Rote Bete samt dem Blattansatz im Kartoffeldämpfer oder im Dämpfeinsatz eines Topfes dämpfen. Von den heißen Rüben lässt sich die dünne Haut leicht abziehen. Die Rüben würfeln oder in dünne Scheiben schneiden. Als pikanten Salat zubereiten, abgeschmeckt mit Weinessig, fein gehackten Schalotten oder Zwiebeln und frisch geriebenem Meerrettich, dazu Pellkartoffeln und Matjes.

Rettich-Salat

_ *in wenigen Minuten fertig*

_ *erfrischend im Sommer*

Rettiche raffeln. Anrichten mit Salz, Pfeffer, Zitronensaft, saurer Sahne, frisch gehackten Haselnüssen. Schnell verbrauchen, da Rettiche bei der Zubereitung Wasser ziehen.

Kleine Vitaminbombe
Kartoffeln

Die stärke- und mineralstoffreiche Kartoffel ist weltweit die viertwichtigste Nahrungspflanze. Ambitionierte Hobbygärtner und Feinschmecker entdecken sie mit ihrer ganzen Vielfalt neu. Sie legen Wert auf geschmackliche Feinheiten, auf Farben und Formen der Knollen und möchten verfolgen, wie die unterschiedlichen Sorten im Garten oder in Töpfen auf dem Balkon gedeihen. Sie haben freie Auswahl aus dem großen Angebot schmackhafter gelber, roter und blauer Sorten. Kartoffeln schmecken gedämpft, gebacken, püriert oder auf andere Art zubereitet – nur nicht roh.

1

2

3

4

weiß, gelb oder violett?

1. Blaue Kartoffeln

_ *seltene Sorten*
_ *violett-weiß marmoriertes Fleisch*
_ *ideal für Chips*

Das Blau der Kartoffelraritäten ist eher violett oder violettschwarz. Besonders interessant und gefragt sind Sorten mit violett-weiß marmoriertem Fleisch: 'Blaue St. Galler', 'Blue Salad Potato', 'Hermanns Blaue', 'Viola' oder die französische 'Vitelotte noire'. Bei manchen wie 'Edzell Blue' ist nur die Schale violett, das Fleisch aber gelb. Diese Sorten haben meistens blauviolette Blüten.

2. Rotschalige Kartoffel

_ *Raritäten und gängige Handelssorten*
_ *meist gelbes oder hellgelbes Fleisch*
_ *für Folienkartoffeln und Pommes frites*

Rot- oder rosaschalige Sorten haben meist gelbes oder hellgelbes Fleisch. 'Désirée' – gelbes Fleisch, für Folienkartoffeln; 'Franceline' – hellrote Schale, mittelfrüh, vorwiegend festkochend (im Bild); 'Laura' – vorwiegend festkochend, tiefgelbes Fleisch; 'Highland Burgundy Red' – langoval mit roter Schale und rotem Fleisch, mehligkochend; 'Rosara' – gelbes Fleisch, vorwiegend festkochend.

3. Längliche Salatkartoffeln

_ *eher kleine, langovale Knollen*
_ *festkochend, vorzüglicher Geschmack*
_ *für frühe Ernte*

Kartoffeln für Kartoffelsalat müssen festkochend sein und gelbes Fleisch haben. Von Vorteil ist eine glatte, feine Schale, die sich nach dem Dämpfen leicht abziehen lässt. Die für diese Zubereitung besonders geeigneten Sorten 'Bamberger Hörnchen'; 'La Ratte' (im Bild); 'Nicola' oder 'Sieglinde' sind außerdem als Pellkartoffeln gedämpft, nur mit Butter und Salz serviert, ein Hochgenuss!

4. Ovale, gelbe Kartoffeln

_ *bekannte Handelssorten*
_ *ertragreich, gut zum Einlagern*
_ *Sorten für Pellkartoffeln und Salzkartoffeln*

In dieser Gruppe sind die meisten Sorten mit unterschiedlicher Reifezeit und unterschiedlichen Kocheigenschaften und vielen Verwertungsmöglichkeiten versammelt: 'Annabelle' – sehr früh, festkochend; 'Aula' – mittelspät, mehligkochend; 'Belana' – früh, glattschalig, festkochend; 'Bintje' – große Knollen, hellgelbes Fleisch, mehligkochend, ertragreich; 'Linda' –festkochend.

Anbauen & pflegen

Wissenswertes Für den Kartoffelanbau eignen sich am besten lockere, von Steinen und Unkraut befreite, sandige und durchlässige Böden, die sich gut erwärmen.

Beet vorbereiten

_ *Start je nach Klimalage*

_ *für frühe Ernte vorkeimen lassen*

Das abgetrocknete Kartoffelbeet im Frühjahr zunächst durchhacken und einebnen. Dann im April oder Mai die Kartoffelknollen mit weitem Abstand von 30–40 cm in der Reihe und 60–75 cm von Reihe zu Reihe legen. Die Pflanzlöcher sollten etwa 4–8 cm tief sein, sodass die Oberkante der Knolle mit den Augen (den Knospen, aus denen später das »Grün« austreibt) bzw. den Keimen in einer Ebene mit der Erdoberfläche liegt.

Kartoffeln legen

_ *weiten Abstand einhalten*

_ *mit Vlies oder Folie abdecken*

Sobald der Boden sich auf etwa 10 °C erwärmt hat, können Kartoffeln gelegt bzw. gepflanzt) werden. Achten Sie darauf, dass die Keime nicht abbrechen und die Knollenseite mit den meisten Keimen nach oben gerichtet ist.

Anhäufeln

_ *lockert und belüftet den Boden*

_ *reguliert das Unkraut*

Nach dem Legen die Kartoffelknollen anhäufeln; dazu von beiden Seiten das Erdreich zu den Kartoffeln hin hacken, sodass ein niedriger Damm entsteht. Die Kartoffeln sollten etwa 5 cm hoch mit lockerer Erde bedeckt sein. Hier können sich die Sprosse, an deren Ende sich die Knollen ausbilden, gut ausbreiten. Während des weiteren Wachstums die Triebe noch zwei weitere Male anhäufeln – mit dem willkommenen Nebeneffekt, dass dabei Unkräuter abgehackt werden.

Düngen

_ *nicht mit Kalk düngen*

_ *auf gute Kaliumversorgung achten*

Kompost ist der beste Dünger für Kartoffeln, eventuell ergänzt durch organische Handelsdünger. Am meisten Nährstoffe benötigt die Kartoffel ab dem Zeitpunkt kurz vor der Blüte bis zum Spätsommer bei späten Sorten. In dieser Zeit braucht die Kartoffel auch am meisten Wasser. Die ganz junge Kartoffelpflanze versorgt sich aus der Mutterknolle, die dann abstirbt und zusammenschrumpelt.

Ernten

_ *bei trockenem Wetter ernten*

_ *Kartoffellaub entfernen*

Kartoffeln erntet man etwa zwei bis drei Wochen, nachdem das Laub abgestorben ist. Dann lösen sie sich leicht von den Stolonen. Die Knollen vorsichtig in Körben fassen. Nicht aus großer Höhe schütten, weil sie sonst leicht Druckstellen bekommen, die im Lager faulen. Setzen Sie die Knollen nie zu lange dem Licht aus, sonst vergrünen sie. Beim Ernten angehackte Kartoffeln beiseitelegen und bald verbrauchen.

Anbau in Töpfen & Containern

_ *Hoher Ertrag von kleiner Fläche.*
_ *Ideal zum Testen verschiedener Sorten.*

Der Kartoffelanbau in Töpfen, Pflanzsäcken, Kisten, erdgefüllten Kompostbehältern und Hochbeeten funktioniert erstaunlich gut. Mit diesen Behältern lassen sich sogar befestigte Hofflächen, Terrassen oder Balkone in kleine Nutzgärten umwandeln.

Die Behälter müssen etwas höher sein als Balkonkästen. In dem lockeren Pflanzsubstrat bilden sich viele Knollen, wenn immer genügend Wasser zur Verfügung steht. Andererseits muss überschüssiges Wasser durch Dränagelöcher ablaufen können. Einfach ist auch die Ernte. Töpfe oder Säcke einfach umkippen, den Inhalt ausleeren und die Knollen herauslesen.

Kartoffeln vorkeimen Mit dem Vorkeimen beginnt man etwa drei bis vier Wochen vor dem geplanten Pflanztermin, legt dazu die Kartoffeln in flache Kistchen und zwar so, dass der Teil der Knolle mit den meisten Augen nach oben weist. Die Kistchen hell bei 12 bis 15 °C aufstellen. Vorgekeimte Kartoffeln werden etwa drei Wochen schneller erntereif als nicht vorgekeimte.

Probleme
& Krankheiten
von Kartoffeln

_ *Kartoffelkäfer und -larven*

_ *Kraut- und Knollenfäule*

_ *Vergrünen*

Kartoffelkäfer Der strohgelbe, schwarz gestreifte Kartoffelkäfer und seine fleischroten Larven fressen an Kartoffelblättern; bei starkem Befall bleibt nichts mehr von den grünen Pflanzenteilen übrig.

Bei kleinen Beständen im Garten kann man den Schaden durch Ablesen der Larven und Käfer leicht in Grenzen halten. Bei größeren Beständen ist der Nützlingseinsatz mit dem Bakterium *Bacillus thuringiensis* üblich.

Kraut- und Knollenfäule Die vom Phytophthora-Pilz ausgelöste Kartoffelkrankheit ist gefürchtet. Feuchtes Wetter begünstigt den Befall. Der Schaden zeigt sich an braunen, unregelmäßigen Flecken auf den grünen Pflanzenteilen, oft verbunden mit einem weißlichen Pilzbelag auf der Blattunterseite. Schließlich stirbt das Kraut ab. Von den Blättern ausgehend werden auch die Knollen infiziert; sie färben sich blaugrau und werden ungenießbar.

Wählen Sie widerstandsfähige Sorten. Und pflanzen Sie Ihre Kartoffeln in weitem Abstand, sodass sie gut abtrocknen können. Krankes Laub und kranke Knollen vernichten.

So klappt der Kartoffelanbau

1. Kartoffeln erst nach vier Jahren wieder an die gleiche Stelle pflanzen (weite Fruchtfolge einhalten).
2. Zur Vorbeugung vor Krankheitsbefall Kartoffeln mit weitem Abstand pflanzen.
3. Kartoffelpflanzen regelmäßig auf Kartoffelkäfer- und Pilzbefall kontrollieren.
4. Kranke Pflanzenteile entfernen und vernichten.

Kartoffeln lagern

1. Dunkel, kühl und luftig soll die Umgebung sein, dann halten sich Kartoffeln bis weit ins nächste Jahr hinein.

2. Von den eingelagerten Knollen einen Teil als Pflanzkartoffeln zurückbehalten.

Vor dem eigentlichen Einlagern sollten Kartoffeln etwa 14 Tage lang bei ca. 15 °C liegen. In dieser Zeit »verkorkt« die Schale, sodass die Knolle weniger Wasser abgibt. Außerdem bildet sich bei Verletzungen eine neue Haut.

Zum Einlagern von Kartoffeln ist ein alter Gewölbekeller mit gestampftem Boden optimal. Der bietet das nötige kühle, feuchte Klima und Dunkelheit. Wer ein solches Bauwerk besitzt, sollte allein schon deswegen Kartoffeln anbauen, um die Lagermöglichkeit zu nutzen. In »normalen« Kellern die Knollen unbedingt luftig lagern, sodass von unten her Luft durchströmen kann. Kartoffelhorden oder Holzkisten sind optimal. Zum Schutz vor Lichteinfall mit Pappe abdecken. Wenn es in Haus oder Wohnung keine gute Lagermöglichkeit gibt, bietet sich ein Erdkeller im Freien oder eine ausgediente Waschmaschinentrommel an, die in den Boden eingelassen wird. Hier lagern die Kartoffeln in kühler und feuchter Atmosphäre im Boden. Um zu verhindern, dass Frost eindringt, muss man die unterirdischen Lager dick mit Stroh oder anderen dämmenden Materialien abdecken.

Vergrünen Kartoffelknollen bekommen grüne Stellen, wenn sie dem Licht ausgesetzt werden. In den grünen Teilen ist giftiges Solanin gespeichert. Beim Hacken und Anhäufeln der Kartoffeln immer darauf achten, dass die Knollen von Erde bedeckt sind.

1. Optimale Lagertemperatur 3–6 °C bei einer relativen Luftfeuchtigkeit von 90 %, bei niedrigeren Temperaturen werden Kartoffeln süß.

2. Dunkel lagern, damit die Kartoffeln nicht vergrünen (dabei bildet sich das giftige Solanin).

3. Immer für gute Belüftung und Durchlüftung sorgen.

4. Kartoffeln vor dem Einlagern nicht waschen.

5. Kartoffeln nie in Plastikbeuteln lagern.

Einfach nur kochen war gestern!

Gut zu wissen Festkochende Sorten eignen sich für Kartoffelsalat, vorwiegend festkochende Sorten nimmt man für Pellkartoffeln und Salzkartoffeln. Für Kartoffelbrei und Klöße braucht man mehlige Sorten. Zubereitete Kartoffelgerichte kann man einfrieren, rohe Kartoffeln dagegen nicht.

Kartoffeln müssen vor dem Verzehr immer gegart werden, und vergrünte Stellen herausgeschnitten. Das Kochwasser wegschütten und nicht z. B. für eine Suppe verwenden.

Kartoffelchips

_ *für sehr große oder blaue Kartoffeln*
_ *schmackhafte Beilage oder Party-Snack*

Rohe Knollen schälen und in dünne Scheiben schneiden. Nebeneinander auf das eingefettete oder mit Backpapier ausgelegte Backblech legen. Jede Scheibe mit Ölivenöl bestreichen. Koblauchzehen (geschält oder ungeschält) in die Lücken zwischen den Scheiben legen. Mit Rosmarinnadeln (oder als Alternative mit Kümmel) überstreuen. Die Kartoffelscheiben im vorgeheizten Backofen auf der mittleren Leiste ca. 20 Minuten lang bei ca. 200 °C. backen. Vor dem Servieren salzen.

Süß oder herzhaft?

Zwiebeln

Es gibt neben der normalen Küchenzwiebel viel auszuprobieren: milde Riesen, rote Zwiebeln, feine Schalotten, Frühlingszwiebeln und Lauchzwiebeln. Die süßliche Würze der Zwiebelgewächse gibt Saucen, salzigen Kuchen, Chutneys und Wok-Gemüse den appetitlichen Geschmack.

von mild bis süßlich-scharf

1. Gemüsezwiebel

_ *Säkultur*

_ *sehr große Zwiebeln*

_ *milder Geschmack*

Gemüsezwiebeln werden im Gegensatz zu den normalen Steckzwiebeln gesät. Wenn Sie mit Sorten wie 'Exhibition' oder 'The Kelsae' Rekorde erzielen und kiloschwere Exemplare ernten wollen, sollten sie bereits im Januar in Töpfchen säen und diese im Warmen aufstellen. Im April ins Freiland pflanzen. Alternativ kann man im März/April ins Freiland säen, dann bleiben die Zwiebeln kleiner. Diese Zwiebeln muss man regelmäßig flüssig düngen und gut wässern. Ab Juli nicht mehr düngen, damit die Zwiebeln gut ausreifen. Interessant ist auch der Überwinterungsanbau von Zwiebeln, wofür im August gesät wird, z. B. die Sorte 'Express Yellow'.

2. Rote Zwiebel

_ *milder Geschmack*

_ *ideal zum Trocknen*

Rothäutige Zwiebeln sind im Garten wie auf dem Teller richtige Hingucker. Soßen, Chutneys und Gemüsegerichte mit roten Zwiebeln sehen besonders appetitlich aus. Ältere rotschalige Zwiebelsorten wie 'Braunschweiger' neigen zum Schossen, das heißt zum vorzeitigen Ausbilden eines Blütenschaftes. Sie sind auch nicht so lange lagerfähig wie gelbschalige Zwiebeln. Neuere Züchtungen wie die dunkelrote 'Red Baron' (im Bild) sind mit Wärme speziell gegen Schossen behandelt. Manche rote Sorten können sowohl gesteckt wie gesät werden. Die Sorte 'Karmen' hält sich bis Weihnachten.

3. Küchenzwiebel

_ *kleine Zwiebeln im Frühjahr ins Beet stecken*

_ *süßlich-scharfer Geschmack*

_ *monatelang lagerfähig*

_ *sehr vielseitiges Universalgemüse*

Dies ist die wichtigste Zwiebelgruppe. In der Küche geht ohne sie gar nichts. Üblich ist die Kultur als Steckzwiebel. Nehmen Sie zum Pflanzen die im Frühjahr in Plastiknetzen angebotenen Steckzwiebeln. Die Sorten unterscheiden sich in Größe und Form und in der Farbe der Schalen. Eine richtige Schönheit ist die Sorte 'Stuttgarter Riesen' mit ihrer leicht abgeplatteten Form und der gelben, glänzenden Schale oder die gelbbraune, runde Sorte 'Sturon'. Beide sind nach der Ernte im Juli/ August bis März oder April lagerfähig. Neuere Züchtungen wie die gelbbraune 'Centurion' oder 'Jet Set' können früher als diese Traditionssorten gesteckt werden und sind früher erntereif. Profianbauer achten auf die Resistenz gegen Falschen Mehltau, wie sie beispielsweise die Sorte 'Hylander' aufweist. Eine interessante Spielart der Küchenzwiebel ist die Sorte 'Birnenförmige' mit länglicher Form.

Wer besonders früh Zwiebeln ernten möchte, sollte sich an die Steckzwiebelkultur über Winter wagen. Dabei steckt man im Herbst spezielle Wintersteckzwiebelsorten wie 'Radar' mit runden, gelbschaligen Zwiebeln.

1. **Schalotte**

_ *sehr feiner Geschmack*

_ *ideal für Saucen*

_ *Sorten mit roter Schale und rotem Fleisch*

Schalotten gedeihen am besten auf leichten, sich schnell erwärmenden Böden. Stecken Sie die Zwiebeln im Abstand von etwa 15 cm und 5 cm tief. Gute Sorten sind 'Biztro' – rund, rotschalig, leicht rötliches Fleisch; 'Cuisse de Poulet'; 'Longor' – längliche Form, rosafarbenes Fleisch, mild, zart; 'Picasso' – rund, schossfest; oder 'Yellow Moon' – rund, gelbe Schale, weißes Fleisch.

2. **Knoblauch**

_ *keimtötende Wirkung*

_ *scharfer Geschmack durch Allicin*

_ *monatelang lagerfähig*

Knoblauch gedeiht am besten auf mittelschweren bis schweren Böden und in windoffenen Lagen. Nehmen Sie Zehen von der eigenen Ernte oder Pflanzknoblauch zum Stecken. Zehen im Abstand von 10–15 cm entweder im Oktober 7 cm tief oder im März/April ca. 4 cm tief stecken, die Spitzen zeigen nach oben. Öfter hacken und so den Boden um die Pflanzen offen halten. Der richtige Zeitpunkt zum Ernten ist, sobald die Hälfte der Blätter abgeknickt ist. Die Knollen bei trockenem Wetter aus dem Boden ziehen und auf dem Beet nachtrocknen lassen. Pflanzen Sie Sorten wie die lange haltbare 'Blanc de Lautrec', die rosaschalige, mild schmeckende 'Edenrose' oder 'Flavor' mit hellrosa Zehen.

vielseitig & würzig

3. Frühlingszwiebel

_ *milder Geschmack*

_ *Ernte im Frühjahr und Sommer*

_ *Zwiebelansatz samt Blättern verwenden*

Mild schmeckende Frühlingszwiebeln sind besondere Sorten der Küchenzwiebel, bei denen die Zwiebelbildung nicht so ausgeprägt ist. Bei Aussaat im Herbst überwintern die Zwiebeln und können im darauffolgenden Jahr bereits ab März|April geerntet werden. Es ist genausogut möglich, die Zwiebeln im Frühjahr für die Sommerernte zu säen.
Gute Sorten: 'Elody' bildet weiße Zwiebeln aus, die wie Perlzwiebeln eingelegt werden können. Die tiefrote Sorte 'Lilia' lässt sich entweder jung wie Frühlingszwiebeln samt den Blättern verspeisen oder ausgereift wie eine normale Küchenzwiebel. Bei dieser Sorte sind die roten Zwiebeln zudem lagerfähig.

4. Lauchzwiebeln

_ *auch für Balkonkästen, roh für Salate*

_ *Aussaat im März/April oder August*

_ *Ernte der ganzen Pflanze*

Wie bei Porree (Lauch) erntet und verwendet man bei dieser schlanken Zwiebel, die eine Winterheckezwiebel ist, die ganze Pflanze. Die eigentliche Winterheckezwiebel ist eine ausdauernde Würzpflanze, von der man nur das Zwiebelgrün erntet. Es gibt sehr schlanke Typen, andere haben einen leichten Zwiebelansatz. Je nach Aussaattermin wird im Frühjahr oder im Lauf des Sommers geerntet. Spätsommer- und Herbstaussaaten überwintern. Im Frühjahr gesäte Lauchzwiebeln können im Sommer geerntet werden.
Sortentipp: Üblich sind an der Basis weiße Lauchzwiebeln wie 'Baja Verde', 'Freddy', 'Negaro', 'Ishikura Long White', 'Shinovita' (im Bild) und weitere japanische Sorten. Zwiebelzüchter warten mit interessanten roten Sorten auf wie der frostharten 'Arctic' oder 'Red Toga'.

Stecken oder säen? Die Kultur kann beginnen

1. Stecken: kleine, runde Zwiebelchen in den Boden drücken (»stecken«) – bei Küchenzwiebel, Schalotte und Knoblauch

2. Säen: bei Gemüsezwiebel, Frühlingszwiebel und Lauchzwiebel

Boden vorbereiten Der Boden muss oberflächlich abgetrocknet und betretbar sein. Vor dem Stecken oder Säen hacken und einebnen.

Zwiebeln stecken Küchenzwiebeln im Abstand von etwa 10 cm entlang einer Saatschnur in eine vorher gezogene Rille stecken, sodass eine gerade verlaufende Reihe entsteht. Da die Zwiebel nicht so viel Platz braucht wie andere Gemüse, kann man sie auch in Doppelreihen stecken, die zueinander einen Abstand von etwa 15 cm haben. Die Spitzen der Steckzwiebeln sollen gerade bis zur Erdoberfläche reichen. Saatrillen wieder zuziehen.
Nach dem Stecken passiert es oft, dass die Steckzwiebeln aus dem Boden »springen«. Das liegt häufig daran, dass auf einem verfestigten Boden die Zwiebeln bei der Wurzelbildung hoch gedrückt werden. Es kommt auch öfter vor, dass Amseln die Steckzwiebeln auf Nahrungssuche aus dem Boden picken oder scharren.

Mischkultur Gute Mischkulturpartner sind Möhren und Erdbeeren. Eine solche Mischung sieht gut aus, und – wer weiß – möglicherweise vertreiben Zwiebel- und Knoblauchdüfte die schädliche Möhrenfliege und schützen Erdbeeren vor Grauschimmelbefall.

Mit wenig Aufwand viel Ertrag

Für Küchenzwiebeln sind humus- und nährstoffreiche Böden mit hohem Sandanteil günstig. Ungünstig sind steinige sowie schwere, nasse Böden. Beim Zwiebelanbau unbedingt die Fruchtfolge einhalten und nur alle drei bis vier Jahre Zwiebeln an dieselbe Stelle setzen.

Düngung Zwiebelgewächse mögen weder frischen Mist noch unreifen Kompost. Nur gut verrotteten Kompost in den Boden einbringen. Beim Anbau im Hausgarten reicht der Nährstoffvorrat im Boden für Zwiebelkulturen normalerweise aus. Ausnahme sind die großen Gemüsezwiebeln, die nur mit Flüssigdüngung und Gießen ihre Größe erreichen.

Gießen Normalerweise muss man Zwiebeln nicht gießen, allenfalls bei lang anhaltender Trockenheit. Auf feuchtem Boden oder bei viel Regen herangewachsene sind nicht lagerfähig.

Pflege Den Boden durch Hacken immer offen halten. Vor allem nach Regengüssen, wenn der Boden oberflächlich verkrustet ist, muss entlang der Reihen mit der Hacke gelockert werden. Durch Hacken kommt Luft in den Boden. Und beim Hacken verschüttet und vernichtet man unerwünschte Wildkräuter wie Vogelmiere oder Ehrenpreis gleich mit. Zu hoch wachsende Wildkräuter nehmen Zwiebeln Licht und Luft weg und müssen entfernt werden.

Probleme Bei Kälte im Frühjahr reagieren Zwiebeln oft mit Schossern, das heißt, sie treiben Blütenschäfte. Vor allem rotschalige Sorten neigen dazu. Geschossene Zwiebeln sind nicht mehr verwertbar, da das Zwiebelfleisch schwammig wird. Zwiebeln darf man aus dem Grund nicht zu zeitig im Frühjahr stecken. Zur Vorbeugung vor Falschem Mehltau resistente Sorten pflanzen. Zuweilen bereitet die Zwiebelfliege Probleme. Eine effektive Abwehrmethode ist das Auflegen eines Kulturschutznetzes, das die Fliege am Zuflug hindert.

1. Zwiebeln vertragen Trockenheit, zu viel Feuchtigkeit beeinträchtigt ihre Lagerfähigkeit.
2. Hacken ist das Wichtigste bei der Zwiebelkultur.
3. Zwiebellaub nicht umtreten.
4. Zwiebeln zum Lagern gut ausreifen lassen.

Ernten & lagern

1. *Steckzwiebeln oder Knoblauch, die im Frühjahr gesteckt wurden, sind im Juli oder August zur Ernte bereit.*

2. *Im Frühjahr gesäte Zwiebeln reifen erst im August-September.*

Ernte Zur Ernte von Steckzwiebeln und Knoblauch eine trockene Wetterperiode abwarten. Lassen Sie die Zwiebeln immer gut abreifen, bis zumindest ein Teil der Blätter (Schlotten) abgestorben ist. An einem sonnigen, trockenen Tag die Zwiebeln zuerst mithilfe der Grabegabel im Boden lockern, später herausziehen, mindestens ein paar Stunden lang auf dem Beet abtrocknen lassen. An einem trockenen, luftigen Platz in flachen Kisten nachtrocknen lassen. Schlotten einziehen lassen und erst Wochen später, wenn sie rascheldürr sind, entfernen. Solange die Schlotten noch geschmeidig sind, kann man Zwiebelzöpfe flechten.

Lagerung Trocken, kühl und dunkel, am besten auf Dachböden, in Schuppen oder Speisekammern. Etwas Frost schadet nicht, da Zwiebeln ein paar Frostgrade vertragen. Sie dürfen dann aber nicht bewegt werden.
Zwiebeln und Knoblauch halten sich bis ins Frühjahr, bis die Zwiebeln grün austreiben, um den Blütenschaft zu schieben. Das Zwiebelfleisch wird dann schwammig und verliert an Würze. Da bleibt einem nur, ausgetriebene Zwiebeln auf den Kompost zu geben oder schnell noch Zwiebelkuchen zu backen. Den frischen Austrieb, das Zwiebelgrün, kann man ohne Weiteres frisch zum Würzen verwenden.

5 Fakten zur Zwiebellagerung

1. Zwiebelernte nur bei trockenem Wetter.

2. Zwiebeln, Schalotten und Knoblauch trocken (optimal bei 60–70 % relativer Luftfeuchtigkeit) und luftig lagern, nicht in der Küche.

3. Zwiebeln halten sich bei kühler Lagerung (optimal 0 bis +1 °C) bis zum Frühjahr.

4. Zwiebelzöpfe ebenfalls an einem trockenen, kühlen und luftigen Ort aufhängen.

5. Zwiebeln vor dem Austrieb im Frühjahr noch durch Trocknen oder Verbacken zu Zwiebelkuchen verwerten.

Von Zwiebeln hat man nie genug

Wissenswertes Schwefelverbindungen (Sulfide) sind für den scharfen und würzigen Geschmack und den beißenden Geruch, der einem beim Zwiebelschneiden Tränen in die Augen treibt, verantwortilch. Ein hoher Zuckeranteil macht Küchenzwiebeln beim Kochen oder Braten süß.

Einfrieren von Zwiebeln und Co. ist möglich, aber wegen des starken Geruchs nicht ratsam. Mit Zwiebeln zubereitete Gerichte in fest schließenden Dosen einfrieren.

Trocknen Zum Trocknen eignen sich Küchen- und Rote Zwiebeln. In Ringe schneiden. Am schnellsten trocknen die Ringe in einem Dörrgerät oder in der Nachwärme des Backofens.

Einlegen Kleine Zwiebeln schälen, in einem Schraubglas mit Weinessig oder Apfelessig übergießen. Hält sich wochenlang.

Salzen Zwiebeln, die im Frühjahr auszutreiben beginnen, mixen. Mit Salz vermischen und in kleine Schraubgläser abfüllen. So ist frische Zwiebelwürze schnell zur Hand. Fein dosieren.

Adressen, die Ihnen weiterhelfen

Samen & Pflanzen

Quedlinburger Saatgut mbH
Dieselstr. 1
06449 Aschersleben
Tel.: 0 34 73/84 06 66
www.quedlinburger-saatgut.de

Albert Treppens & Co. Samen GmbH
Berliner Str. 84–88
14169 Berlin
Tel.: 0 30/8 11 33 36
www.treppens.de

Dreschflegel
In der Aue 31
37213 Witzenhausen
Tel.: 0 55 42/50 27 44
www.dreschflegel-saatgut.de

Gärtner Pötschke
41561 Kaarst
Tel.: 0 18 05/86 11 00
www.poetschke.de

Manufactum
Hiberniastr. 5
45731 Waltrop
Tel.: 0 23 09/9 39 00
www.manufactum.de

Bruno Nebelung (Kiepenkerl-Saatgut)
48351 Everswinkel
Tel.: 0 25 82/67 00
www.kiepenkerl.com
www.nebelung.de

Sperli GmbH
Freckenhorster Str. 32
48351 Everswinkel
Tel.: 0 25 82/67 09 00
www.sperli.de

Bio-Saatgut Gaby Krautkrämer
Eulengasse 2
55288 Armsheim
Tel.:06734/915580
www.bio-saatgut.de

Bingenheimer Saatgut AG
Kronstr. 24
61209 Echzell-Bingenheim
Tel.: 0 60 35/18 99-0
www.bingenheimersaatgut.de

BALDUR-Garten GmbH
Elbingerstraße 12
64625 Bensheim
Tel.: 0 18 05/10 35-11
www.baldur-garten.de

HILD samen GmbH
Kirchenweinbergstr. 115
Tel.: 0 71 44/84 73 11
71672 Marbach am Neckar
www.hildsamen.de

Irinas Tomaten & Kräuter
Spezialitätengärtnerei Ulrich Zacharias
Blattenhof 1
93142 Maxhütte-Haidhof
Tel.: 0 94 71/2 13 00
www.irinas-tomaten.de

Raritätengärtnerei Treml
Eckerstr. 32
93471 Arnbruck
Tel.: 0 99 45/90 51 00
www.pflanzen-treml.de
(Paprika- und Tomatenpflanzen,
kein Saatgut)

Gärtnerei Dieter Haas
Obere Leberklinge 26
97877 Wertheim
Tel.: 0 93 42/85 65 80
www.bioland-gaertnerei-haas.de
(Paprika- und Tomatenpflanzen)

Wolfgang Nixdorf
Aschhausenerstr. 77
97922 Lauda
Tel.: 0 93 43/6 57 47
www.garten-wn.de

N. L. Chrestensen – Erfurter
Samen- und Pflanzenzucht GmbH
Witterdaer Weg 6
99092 Erfurt
Tel.: 03 61 22 45-0
www.gartenversandhaus.de

Österreich

Reinsaat KG
Am Hornerwald 69
A-3572 St. Leonhard
Tel.: +43 (0) 29 87/23 47
www.reinsaat.at

Schweiz

Wyss Samen und Pflanzen AG
Schachenweg 14c
CH-4528 Zuchwil-Solothurn
Tel.: +41 (0) 32/6 86 68 68
www.samen.ch

Samen Mauser AG
Industriestr. 24
CH-8404 Winterthur
Tel.: +41 (0) 52/2 34 25 25
www.samen-mauser.ch

Pflanzkartoffel

Bioland Hof Jeebel
Jeebel 17
29410 Salzwedel
Tel.: 03 90 37/7 81
www.biogartenversand.de

Ellenbergs Kartoffelvielfalt
Ebstorfer Str. 1
29576 Barum
Tel.: 0 58 06/3 04
www.kartoffelvielfalt.de

Vereine

VERN
Verein zur Erhaltung und Rekultivierung
von Nutzpflanzen in Brandenburg e.V.
Burgstr. 20
16278 Greiffenberg
Tel.: 03 33 34/7 02 32
www.vern.de
(auch Kartoffel-Pflanzgut)

VEN
Verein zur Erhaltung der
Nutzpflanzenvielfalt e.V.
Geschäftsstelle
c/o Barbara Féret
Mondrianplatz 11
36041 Fulda
Tel.: 0 53 06/14 02
www.nutzpflanzenvielfalt.de

Österreich

Arche Noah
Gesellschaft zur Erhaltung und Verbrei-
tung der Kulturpflanzenvielfalt
Obere Str. 40
A-3553 Schiltern
www.arche-noah.at

Schweiz

Pro Specie Rara
Unter Brüglingen 6
4052 Basel
www.prospecierara.ch

Literatur

Brunhilde Bross-Burkhardt
Bohnen für den Hausgarten
Österreichischer Agrarverlag, 2010

Brunhilde Bross-Burkhardt,
Christine Weidenweber
Kartoffeln für den Hausgarten
Österreichischer Agrarverlag, 2010

Brunhilde Bross-Burkhardt
Tomate, Paprika & Co. Die besten
Sorten für Garten und Balkon
BLV Buchverlag, 2012

Brunhilde Bross-Burkhardt
Mein Küchengarten. Obst, Gemüse,
Kräuter frisch genießen
BLV Buchverlag, 2012

Charles Dowding
Gemüsegärtnern wie die Profis:
Boden schonen | Ertrag steigern
BLV Buchverlag, 2013

Marie-Luise Kreuter
Der Biogarten.
BLV Buchverlag, 2012

Stichwortverzeichnis

Bildnachweis: Alexander Raths – istockphoto.de: 102o; Alexfiodorov – Fotolia.com: 116o; Baumjohann: 26; Bross-Burkhardt: 21l, 21r, 23, 33l, 33r, 48o, 48ul, 50r, 59r, 60ul, 70ur, 108; Flora Press/Bisphoto/Alexandre Petzold: 78l; Flora Press/Biosphoto/Catherine Lambert: 1; Flora Press/Biosphoto/Denis Bringard: 70ol; Flora Press/Biosphoto/Le Scanff-Mayer: 88o; Flora Press/Biosphoto/NouN: 60o, 72o, 90o; Flora Press/Biosphoto/Vilma Meunier: 18ul; Flora Press/Botanical Images/BJORN SVENSSON: 118r; Flora Press/Botanical Images/GEOFF KIDD: 102u; Flora Press/Botanical Images/SAM K TRAN: 79r; Flora Press/Botanical Images: 60ur, 88u, 116ul; Flora Press/Caroline Bureck: 112; Flora Press/Christine Ann Fäll: 54; Flora Press/Edition Phönix: 2/3, 6/7; Flora Press/Flowerphotos/Gillian Plummer: 78r; Flora Press/Gisela Caspersen: 46/47, 109l, 120u; Flora Press/Helga Noack: 14o, 14ul, 37, 110o; Flora Press/Nova Photo Graphik/: 18or, 32r, 40ol, 40or, 40ul, 59l, 66u, 72u, 80o, 80u, 82, 86or; Flora Press/Otmar Diez: 65u, 96u, 116ur; Flora Press/The Garden Collection/Derek Harris: 14ur; Flora Press/The Garden Collection/Derek St. Romaine: 18ur, 34r; Flora Press/The Garden Collection/FLPA: 86ul, 120o; Flora Press/The Garden Collection/Jane Sebire: 10o, 100o, 89; Flora Press/The Garden Collection/John Glover: 86ol, 92; Flora Press/The Garden Collection/Jonathan Buckley: 12, 70or; Flora Press/The Garden Collection/Liz Eddison: 50l, 118l; Flora Press/The Garden Collection/Marie O'Hara: 119r; Flora Press/The Garden Collection/Michelle Garrett: 18ol; Flora Press/The Garden Collection/Modeste Herwig: 96or; Flora Press/The Garden Collection/Neil Sutherland: 24u, 48ur, 62o, 74, 107ur; Flora Press/The Garden Collection/Nicola Stocken Tomkins: 51; Flora Press/The Garden Collection/Torie Chugg: 43u; Flora Press/Tim Gainey: 98u; Flora Press/Visions: 30ul, 34l, 44, 79l, 119l; Food-Images – Fotolia.com: 55; GBA/Staffler/Friedrich Strauss: 52u; GBA/Nichols /Friedrich Strauss: 13; GBA/NouN /Friedrich Strauss: 70u, 96ol, 96l; Le Bouvier – Fotolia.com: 109; LianeM – istockphoto.com: 24o; Openlens – Fotolia.com: 66o; Phetphu – istockphoto.com: 32l; Reinhard: 106ul; Rupp: 8o, 20l, 22, 30o, 43o, 62u; Sergii Figurnyi – Fotolia.com: 111; Stein: 20r, 40ur, 86ur; StockFood.com / Crudo, George: 113; StockFood.com / Eising Studio - Food Photo & Video: 8u; StockFood.com / Foodcollection GesmbH: 98o; StockFood.com / Heinze, Winfried: 123; StockFood.com / Newedel, Karl: 75; StockFood.com / Poplis, Paul: 67; StockFood.com / Rua Castilho: 93; StockFood.com / Shooter, Howard: 83; StockFood.com / Strauss, F.: 45; StockFood.com / Studio R. Schmitz: 103; Strauscher – Fotolia.com: 27; Strauß: 30ur, 36, 52o, 58, 65o, 90u, 100u, 106ol, 106or, 110u, 122; www.studio-leveque.de: 16/17, 28/29, 38/39, 56/57, 68/69, 76/77, 84/85, 94/95, 104/105, 114/115; Grüner Daumen: Mark Herreid – 123rf.com

Über die Autorin

Dr. rer.agr. Brunhilde-Bross-Burkhardt arbeitet als Fachjournalistin und Buchautorin mit den Schwerpunkten Botanik und Gartenbau sowie Garten- und Agrargeschichte. Die Naturfreundin will ihr Publikum für die wunderbare Pflanzenwelt mit ihrer Formen- und Farbenvielfalt begeistern. Ihr praxisorientiertes Wissen gibt sie in Vorträgen und bei Exkursionen weiter. Neben unzähligen Artikeln in landwirtschaftlichen und gärtnerischen Fachzeitschriften hat sie etwa zwei Dutzend Bücher über Gemüse, Kräuter und Blumen sowie über garten- und kulturgeschichtliche Themen veröffentlicht. Weitere Informationen unter www.bross-burkhardt.de

Impressum

Bibliografische Information der Deutschen Nationalbibliothek

Die Deutsche Nationalbibliothek verzeichnet diese Publikation in der Deutschen Nationalbibliografie; detaillierte bibliografische Daten sind im Internet über http://dnb.d-nb.de abrufbar.

BLV Buchverlag
GmbH & Co. KG

80797 München

© 2013 BLV Buchverlag GmbH & Co. KG, München

Umschlagkonzeption: Kochan & Partner, München
Umschlagfotos: Karen Meyer-Rebentisch (vorne); Flora Press/Biosphoto/Vilma Meunier (hinten links), Flora Press/Biosphoto/Denis Bringard hinten Mitte); Flora Press/The Garden Collection/Jonathan Buckley hinten rechts)

Programmleitung Garten: Dr. Thomas Hagen
Lektorat: Kullmann & Partner GbR, Stuttgarte

Layoutkonzeption Innenteil: Kochan & Partner, München
Herstellung: Hermann Maxant
Satz: Satz + Layout Peter Fruth GmbH

Gedruckt auf chlorfrei gebleichtem Papier

Printed in Germany
ISBN 978-3-8354-1137-1

Hinweis

Das vorliegende Buch wurde sorgfältig erarbeitet. Dennoch erfolgen alle Angaben ohne Gewähr. Weder Autorin noch Verlag können für eventuelle Nachteile oder Schäden, die aus den im Buch vorgestellten Informationen resultieren, eine Haftung übernehmen.

Jetzt ganz einfach zum Erfolg: lesen, loslegen, ernten!

Herbert Vinken
Kräuter
Das Grüner-Daumen-Konzept: die besten Kräuter speziell für Anfänger – von
Basilikum bis Minze · Top-Sorten, Anbau, Pflege, Ernte, Verwertung · Plakative
Fotos, kompakte Texte, Info-Kästen und magazinartige Optik · Für Garten-Neulinge,
Urban Gardener, Web-User, Selbstversorger, Ausprobierer, Bio-Fans usw.
ISBN 978-3-8354-1136-4